Heidi Kabel · Snack mol'n beten Platt!

Heidi Kabel

Snack mol'n beten Platt!

Plattdüütsch Leesbook

Verlag Michael Jung
Kiel

Umschlagfoto: Marion Schröder

Der Verlag hat die plattdeutsche Schreibweise
von den Autoren unverändert übernommen

1. Auflage 1992

Gesamtherstellung:
Hans Kock Buch- und Offsetdruck GmbH, Bielefeld
ISBN 3-923525-90-7

Snack mol'n beten Platt!

Ümmer wedder bün ick beden worrn, plattdütsche Geschichten to vertellen. Man, dat is lichter seggt as daan!
Mien schönsten Geschichten staht all in so mennigeen Book. 'n poor von düsse Bökers sünd aber so old, dat een se al gar nich mehr köpen kann.
Dorüm heff ick nu en plattdüütsch Leesbok mit vele schöne Geschichten tosomenstellt.
An de mehrsten von düsse Geschichten denk ick geern trüch. To'n Bispeel an dat Gedicht „Rodegrütt" von Hermann Claudius, wat mien Vadder in mien Kinnertiet so geern opseggen dee. Ick heff noch hüüt sien Stimm in't Ohr.
Later bi't Ohnsorg-Theoter heff ick vele von de Schreverslüüd sülben kennenlehrnt. De een or de anner von jüm hett jo ok Theoterstücken för uns schrewen.
Ick will höpen, leve Leserslüüd, dat Ji veel Spooß an düt Book hebbt! Kunn jo sien, Ji leest de ene or annere Geschicht bi Fründen or in de Familien vör.

Ehr

Hermann Bossdorf

DE SCHULT UN DE HARK

Puttfarken Vader, de Schult van Quarrenbek keem up en Sunndagnahmiddag so hen nah Klock söß van sien Starkenkoppel achtern dorch den Garden. He weer gnadderig, wil de een van de Starken dat Leege hadd. He gung, den Kopp deep dalbögt, as wenn he up den Weg Emkensporen söken däd.
Miteens blew he stahn, un sien Gesicht, dat all so nich nah Sunndag utseeg', trock sick to en swarte Gewidderwulk tosam.
Vör em up den Gardenweg leeg en Hark, de Tinken pil in 'n End' nah bawen.
Puttfarken Vader keek eerstmal en Tidslang de Hark an un denn in 'n Krink rüm, welkeen dor in de Näg wesen mugg.
Blot sien lüttst Puttfarken, Henning, en dörteihnjaehrigen Jung weer to sehn.
„Henning, kumm mal her!" bölk de Ol.
De Jung keem antoschechen: „Wat schall ick, Vader?"
Vader sett' en Amtsmin up, wis' up de Hark un frög: „Hest du de Hark hier so hensmeten?"
„Ick? – Ne! – Ick ganz för wiß nich, Vader", säd Henning un wull de Hark gau upböhren.
„Liggen laten!" kummandeer de Ol, un de Jung trock ganz verfeert de Hand wedder trügg.
„Hest du vellicht sehn, 'keen de Hark brukt hett?" frög de Schult in strengen Amtston wider.

„Ne, Vader, ick — ick hebb nicks sehn", beil sick de Jung to seggen, „ganz för wiß nich, Vader!"
„Datt du mi de Hark liggen lettst, as se liggt, dat segg ick di!" dunner de Vader un trock de grisen Ogenbranen tohop, as wör den Lütten de Dod gewiß, wenn he wat anners don wull.
Denn so stapp he nah de Hoffsted to.
Hier keem em Trin, de Grotdeern, in de Möt.
„Trin, hest du de Hark brukt, de dor achtern in'n Garden midden up 'n Weg mit de Tähnen pil in End' liggt?" frög ehr de Schult.
„Wat? de Hark?" säd Trin un sparr Mund un Ogen up as en Nestlünk, „nä, ick weet van keen Hark nicks af, Schult!"
De Ol gnurr wat in den Bart un gung nah Däl rin.
Dor stund' Peter, de Knecht, un fleit sick een.
He hadd sick jüst in Sunndagsstaat smäten un wull nah Krog langs.
„Peter", fung de Ol mit em an, „weeßt du, welk Racker de Hark achtern in Garden midden up 'n Weg smäten hett, de Tinken nah bawen?"
Peter stopp sien Fleiten un keek den Schult so daesig un verbaast an, as hadd de em fragt, wat dat in'n saewten Himmel ok Schulten gewen däd. Eerst as de Ol nochmal fragt hadd, säd he: „Nä, Schult, ick weet van keen Hark nicks af!"
Puttfarken Vader schöw sick nah Dönns rin. Dor seet Puttfarken Moder, en kregele un fixe Fru Anfang de Föftig, de töw all up em mit dat Awendbrod.

He bummel de Mütz up dat wennte Flagg un sett' sick an'n Disch. Ehrer he awer an to eten fung, frög he eerst mal: „Weeßt du vellicht, Moder, 'keen de Hark brukt hett, de dor achtern in'n Garden midden up 'n Weg mit de Tinken nah bawen liggt?"

„Hark? – Ne, ick weet van keen Hark nicks af", säd de Fru ut ehr unbedarwt Geweten rut.

Dat slög awer bi em in, un de Dunner keem gliks achternah.

„Dunner un Wäder!" bölk de Ol los, „jedereen seggt mi datsülwe! Nümms will dor wat van afweten! Allens lüggt mi midden in't Gesicht rin! Keen Aas hett sovel Kraasch un Geweten, datt he mi de Wohrheit seggen kann! Awer ick will doch mal sehn, wat dat nich ruttokriegen is! Ick will doch mal sehn, wat ick den Racker, de dat dan hett, nich doch to fat kriegen kann, un wenn he sick ok up den düstersten Bön un in den deepsten Keller verkrupen deit!"

Puttfarken Moder sett' beide Handen in de Siden un keek em scharp an: „Segg mal, Vader, is di en Lus aewer de Lebber lopen?"

„Ick kann mi aewer so 'n Lulatschigkeit argern!" futer he sien Stremel wider, „dat is doch keen Sak nich, de Hark so in 'n Weg hen to smiten un weg to lopen! Wenn dor een in Düstern up de Tinken to pedden kummt, de kann jo een vör den Kopp kriegen, datt he sick to Dod verfeeren deit."

„Wat regst di denn noch up?" frög de Fru, „nu liggt se jo nich mehr dor."

„Jo, se liggt noch dor“, schreeg’ he, „un se bliwt solang’ liggen, bet ick den funden hebb, de ehr dor hensmäten hett!“
„Dor warst woll lang nah söken kaenen“, säd Moder Puttfarken.
„Is mi eendont“, gnurr he, „de ehr dor hensmäten hett, schall ehr ok sülwst wedder wegnehmen! Bi mi geiht allens nah Recht un Gerechtigkeit to, dorför bün ick Schult in’n Dörpen!“
De Fru gung an ’t Finster un röp nah den Garden rut: „Henning, nimm mal de Hark dor achtern ut’n Wegen un bring ehr hen, ’nem se henhört!“
„Jo, Moder!“ kreih Henning trügg.
Mit een Sprung as en bloddörstigen Tiger weer awer de Ol ok an’t Finster un grael mit en Barenstimm, van de de Finsterruten an to klaetern fungen: „Datt du mi de Hark liggen lettst, Jung, sünst kriggst de Jack vull, datt du di acht Dag’ nich rögen kannst!“
„Jo, Vader!“ röp Henning benaut trügg.
„Segg mal, Ol, büst du hüt nich recht up’n Damm?“ frög de Fru mit en Ünnerton in de Stimm, de so scharp weer, datt he sick dormit hadd den Bart schrapen kunnt.
„Ick will, datt de Hark liggen bliwt!“ säd he un full wedder as en Sack Garsten up den Stohl an ’n Disch dal.
„Ick glöw meist, di is bawen up de Starkenkoppel en Brummer in ’n Daetz flagen“, meen se mit en scheewen Blick. De Ol kreeg binah en Stück Mettworst in den Sunndagshals.

„Bün ick hier Schult odder du?“ grael he ehr an.
„Na“, säd se, „wenn ick dat wör, schullen so ’n Taeg bi mi up’n Sunndagawend nich vörkamen! Dat will ick di man seggt hebben!“
„Wat versteihst du van Recht un Gerechtigkeit!“ bölk he, „kiek du man nah Kaek, Köh un Kinner! Dat anner lat mi man vörstahn!“
Dat gew noch männig scharp Word van beide Siden, un de Strid wör wohrschinlich hüt noch nich afmakt un bileggt, wenn Puttfarken Vader nich up’t End’ de Mütz namen hadd un nah Krog langs gahn wör.
Puttfarken Moder blew mit en ganze Schört vull scharpe Wörd un Seggwisen besitten un müß jem sick för en anner Mal uphegen.
De Schult awer hadd in ’n Krog den Strid un de Hark all nah dat eerste Glas vergeten.
Wil he sick nu bi den Strid mit sien Fru doch en beten bannig in de Hitt red’t hadd un Hitt dörstig makt, drunk he, ahn dat to marken, mehr as dat sünst sien Mat weer.
Un as he hen nah Klock twolf achtern dorch den Garden nah Hus’ keem, hadd he richtig en Lütten in de Kist.
Snider Frens Piepenbrink hadd noch tolest en deftig Döntje vertellt. Dat kunn he as keen anner, de Frens. Un dütt Döntje gung ol Puttfarken noch jümmer dorch den dakigen Daetz, as he den Gardenweg langsdweil.
De Maan weer noch nich vull, un dat weer twars nich stickendüster, awer ok nich hell nog, datt man en verlaren Groschen hadd wedderfinden kunnt.

Puttfarken huchel grad noch wedder so vör sick hen aewer dat saftige Döntje, as he miteens up wat to pedden keem, dat pil in 'n End up den Weg nah bawen stünd, — un — batz! — baller em wat vör den Kopp, datt em de Daetz an to brummeln fung, as wenn he dor en Brummkrüsel in lopen hadd.
He weer up de Hark to pedden kamen.
Un mit en dägten Flok flög se bisid mank de Stickelbeeren.

Ivo Braak

TO'N EERSTENMAL TO'N WIEHNACHSMÄRKEN!

Unverwahrens keem de Dag, as ick to'n eerstenmal mit to'n Wiehnachsmärken döß.
Ick weer so'n Jung von Jahren söß, söben, eerst een Jahr to School.
To'n Wiehnachsmärken!
Un denn mit Mudder. Passen dee ehr dat nich, dat se von de Wiehnachsbackerie weg muß, awer enerlei. Se harr mi dat dit Jahr so fast toseggt, dat se mi mitnehmen wull, se muß also los.
Ick weet den Dag noch as hüüt. Wi mussen na Markus Ibs in't Holsteensche Huus. Mudder un ick harrn Ehrenplätz in de eerste Reeg. Wat weer dat en Larm in'n Saal, kunnst dien egen Woort nich verstahn.
Ick keek de ganze Tied op de bunte Gardin dor vörn. Dor weer en Lööv op to sehn un en Engel mit en ganz lange Trompeet. He harr jüst blaast, dat sehg man düütlich. All de lütten Engels, Tiern un Blomen weern dorvon opwaakt, bloots de groot Lööv röhr sick noch nich, de sleep noch. Glieks wull de Engel noch mal blasen, dat kunn man marken, awer — wat weer dat?
Dat klingel, un nu worr't düster ... op'n mal rull de Gardin von sülben hooch. Mi stunn de Mund sparrangelwiet op.
Wat weer dat för'n Welt! So schöön kunn'n je meist nich drömen.

Dat duer awer nich lang, dor kregen se sick dat Strieden dor baben. Ganz unorige Minschen harrn so'n lütte Deern in'e Mangel. Un nu keem dor een an — den kenn ick doch ok so von wieden? Wenn ick mi dat ni dacht harr, dat weer de Düwel. Oha, dat geef en Larm in den Saal.
„Mudder“, sä ick, „laat uns man een Reeg wieder trüch sitten!“
Mudder harr en Insehn; wi stunnen liesen op un setten uns trüch. Op de Bank seet ok mien Fründ Hannes, de weer een Jahr öller as ick. Awer he acht gar nich op mi, he drück sick an mien Mudder ran un kreeg ehr bi de Hand to faten. Mudder seet dor nu mit uns un leet meist as so'n Kluckhehn.
Man de Düwel keem nu eerst richtig in Fahrt. He sprung op'n Disch un puust Füer ut Mund un Nees.
„Laat uns man achter sitten“, sä ick, „dor köönt wi beter sehn!“
Mudder dee dat ok, se wull uns hüüt ja wull in all Dingen to Willen ween.
Nu stunnen wi dree ganz achter an de Wand, wi beiden Jungs op'n Disch. Awer de Düwel weer noch lang ni an'n Enn mit sien Kunst. Nu reep he doch so teihn, twölf lütte, swatte Düwels to Hölp, nu wulln se dor in't Huus rinkrabbeln — jowull!
„Nee, Mudder“, sä ick, „laat uns man na baben gahn!“
Un Mudder muß mit uns rop na de Galerie. Man hier weern wi ok noch nich in Sekerheit.
De een lütt Düwel krabbel warraftig in'n Saal un an de Süül hooch, dücht mi.

„Nee, Mudder, laat uns man na buten gahn!" — un Mudder gung mit uns rut.
Buten op de Deel sä se: „Nu hett de lütt Deern jüst eben en Engel to Hölp kregen un all de lütten swatten Düwels sünd weg. Nu schall dor binnen 'n Fest fiert warden. 'n Fest to Wiehnachen. Wüllt wi dat ni sehn?"
Do sünd wi wedder ringahn, un dor weer dor baben de schöne Welt wedder dor. Wi seten in de eerste Reeg op uns Ehrenplätz.
„Na", sä Mudder, „is dat wat oder ni?"
„Wenn du dorbi büst", sä ick, „wenn du dorbi büst!"

Karl Bunje

DE SLAUE KÖSTER

Paster Lameyer weer een stillen un sinnigen Minschen. He holl sick an dat Wurt: „Selig sind die Sanftmütigen, denn sie werden das Erdreich besitzen!"
Larm un Striet weern em in de Seel towedder. Un wo he mal opkeem in sien Gemeen, dar got he sien begöschende Red as Ölje över de Bulgen un stillde den Storm, as us Herr dat op den See Genezareth dahn har. Blot bi sienen Köster kunn he ok nich mit de sanftmödigsten Wör wat utrichten. De weer jümmer an't Ballern un Schellen, an't Flöken un Spektakeln. Güng de Paster op weeke Pampuschen dör sien Gemeen, klöter de Köster op Holschen achterna.
Un wenn de Paster em denn mal mit sanfte Reed un frame Wör in't Geweten gung, dat he den Larm doch instellen un dat gotteslästerliche Flöken doch togeven schull, denn gnurr de Köster blot as so'n bätschen Hund: „Ick bün nu mal'n Bullerballer! — Un wenn us Herrgott mi so makt hett, denn mutt he mi ok so verslieten."
Mit disse lichtfardige Utred weer de Paster garnich tofreden, un he dach daröver na, wo he den ballstürigen Köster doch mal bikamen kunn. Mal glövte he denn ok, dat he den rechten Weg funnen har.
As de Köster wedder so'n recht ballerig Schuer har, sä de Paster to em, he har disse Nacht eenen ganz avsünnerlichen Droom hatt, den muß he em doch mal vertellen:

Em har drömt, he weer sturven un in'n Himmel kamen. Dar har he dör so'n langen Gang gahn moßt, de woll bit in de Unendlichkeit reekt har. Un an dissen Gang weern luter Dörn wesen, jümmer een rechts un een links. Un an jede Dör har anschreven stahn in golne Bookstaben, wat de Seelen, de achter düsse Dörn ehr himmlische Heimat funnen harn, op de Eer för een Gewarv hatt harn. Un as he so den Gang langsgahn weer, har he jümmer lest, wat dar an de Dören anschreven weer. Schosters, Snieders, Avkaten, Burn, Murlü, Timmerlü un so wieder, un dar har woll nich een Profeschon fehlt.
Un achter de Dörn har blot jümmer Halleluja un Hosianna klungen, un dat weer woll een Freid un Seligkeit ween.
Man mit'n Mal har dat achter een Dör 'n groden Larm geven, een Flöken, Schandalen un Spektakeln, dat een sien eegen Wurd nich verstahn kunnt har. Un as he an disse Dör kamen weer, har dar anstahn: Kösters.
„Süh", säh de Paster, „weer doch trorig, dat de Kösters nichmal in'n Himmel Fräen geven kunnen, un darüm weer dat doch beter, wenn he sick dat Flöken un Spektakeln avwähnen dee."
De Köster sweeg een ganze Tied, un Paster Lameyer freide sick al, dat sien lüttje Geschicht, de he sick utdacht har, den olen Bullerballer doch so'n beten de Stimm verslahn har.
Man dar steek de Köster sien unschulligst Gesicht op, un he sä: „Dat is ja gediegen, Herr Paster, jüst akrat so'n Droom hebb ick vannacht ok hatt. Mi hett ok dröömt,

ick weer dood bleven un weer in den Himmel kamen, un ick muß ok den langen Gang mit all de Dörn langsgahn. Un denn hörde ick jüst so op'n Mal den groden Larm achter de een Dör. Süh, denk ick mi dar, dat sünd seker de Kösters. — Dar hörst du ja hen. Un ick stür ok liek op de Dör to. Man as ick dar jüst ringahn will, dar fallt mi bi weglangs een Dör gegenöver op. Un dar stunn anschreven: Pasters! Un achter de Dör weer dat musenstill. Weer ok nich een Lut to hörn."

„Dar sühst du", full em de Paster in de Reed, „wi weet, wat sick hört un wo een örnlichen Christenminschen sick to benehmen hett."

„Ja", meen de Köster, „dat hebb ick mi ok dacht, un dat weer mi doch rein een Wunner, wo Minschen blot so ruhig ween kunnen."

„Wi weern ja woll alltosamen in Andacht un Seligkeit versunken", meen de Paster mit een framen Ogenopslag. — „Tja", smustergrien de Köster nu so'n beten, „dat weer ok mien Menen. — Möst doch is tokieken, wo de Donnerslög dat makt, dat dat dar so boomstill is, dach ick. Un ick kunn dat nich laten un mak de Dör ganz liesen so'n lütt Spier op. — Un wat krieg ick to sehn? — Weer keen Paster in!"

Hermann Claudius

RODEGRÜTT

Rodegrütt! Rodegrütt!
Kiek mal, wat lütt Hein hüüt itt!
All'ns rundüm hett he vergeten.
Rodegrütt! Dat is en Eten,
Rodegrütt!

In de School, de leste Stünn
kunn he sick op nix besinn'n.
Un in't Bookstabeern un Lesen
is he lang so dumm nich wesen.
Man he keem bi dat un düt
jümmer mank sien Rodegrütt!

„Na, lütt Heini, noch en beten?"
Mudder hett hüüt veel to möten:
Hans un Hein un Stien un Greet
eet, as güng dat üm de Wett —
Rodegrütt!

Leddig is de grote Grapen
Greten ielt, em uttoschrapen.
Heini man, de lütte Deef,
höllt mit beide Hann'n den Sleef.
Wat dar all'ns noch binnen sitt!
Rodegrütt!

Fritz Fischer

SUUR SUPP

Matten Sumfleet, de in Olland op'n Bargfreid woont hett, güng mol langs den Diek no Steenkark. He schull Pacht betolen, over he harr keen een Doler op'n Dutt kregen. De Tiden weern so slecht. Do keem em en ool Mann in de Mööt, mit'n groten, witten Boort un twee lüchten Ogen. Seeg ut, as weern dat twee Steerns. Do see Matten to den olen Mann: „Dag ok, keen beten wat fromm is, kunn jo för den leven Herrgott hollen." Do anter de ool Mann: „Dat's mol fein, Matten, dat du mi kennst. De Paster güng mi even as en frömden Keerl vörbi." Do bleev Matten meist de Sprook weg, un he reep: „Ji sünd de leve Herrgott? Jo heff ick mi anners vörstellt! Denk, ji sitt över de Wulken op'n hogen Stool, mit'n dick Book op'n Schoot." Do grien de ool Mann un see: „Mien gode Matten, wo schull de Welt woll utseen, seet ick blots op'n hogen Stool. Nee, mol seil ick as en witt Wulk an'n Heven, mol blö ick as en lütt Bloom op de Wisch, mol fleeg ick as en lütt Vogel dörch de Goorns. Un hüüt go ick as ool Mann dörch Olland. Will mi de Fööt en beten verpetten, un dat schall bi jo jo allns so fein op'n Droot wesen.

Do vertell Matten den olen Mann, dat he in Steenkark Pacht betolen schull, man keen Doler in de Tasch harr. Do anter de ool Mann: „Mit Geld kann ick di nich helpen, un mi dücht, dat de Pacht nich dien gröttst Sorg is. Segg mi, wat du di geern to Lief sleist, denn kann ick wull wat för di doon." „Je", anter Matten, „mi smeckt wull allns, wenn't man op'n goot Stück Fleesch kookt is, man op leevst eet ick wull Suur Supp." „Sü", see de ool Mann, „Suur Supp". „Jo", anter Matten, „mit'n Schinkenknoken un en goot Enn rökert Fleesch un Appeln un Beern un söte Plummen un ok Rosinen." „Sü", see de ool Mann, „ok Rosinen". „Jo", see Matten, „un witte un gele Wörteln un Köll un feine, witte Meelklüten." Do see de ool Mann: „Dat much ick ok wull mögen, Matten, nu höör nipp to. Hang ovends den gröttsten Gropen, den ji int Huus hebbt, an'n Ketelhoken. Frömorgens schall he ümmer bet boven to vull Suur Supp wesen". „Sü", see do Matten, „dat weer wull en gode Hölp, un dat schall ümmer bliven?" „Jo", anter de ool Mann, „Dag för Dag, blots een Deel muß di goot marken. Kickst du nachts in den Gropen, blifft he annern Dag över leddig. Un dütt mußt du di ok goot marken: Keen vör dien Döör steit un üm'n Töller Supp bitt, muß du welk geven. Un wenn't dien letzt Töller vull is. Ans blifft de Gropen för ümmer leddig." „Dat will ick wull doon", anter Matten, „un schast ok duchtig bedankt wesen." De ool Mann over see: „Do nich för!" un güng wider. As Matten al en poor Schreed wider weer, drei he sick noch mol üm un reep: „Wenn't woor ward, go ick wedder to Kark." De ool Mann reep torüch: „Kannst geern to Huus dien Postill lesen. Is beter, as wenn du in de Kark inslöppst."

As Matten von Steenkark wedder inkeem, vertell he sien Fro, keen he dropen harr. Do schimp de un reep: „Ick schachmarach mi mit den Schoopsmeß af, un du steist

op'n Diek rüm un lettst di son Tüünkroom opbinnen!" Ovends hung se over doch den Gropen an'n Ketelhoken. Un nachts kregen se un Matten keen Oog to. Un sü, annern Dag in de Frö weer de Gropen bet boven to vull feine Suur Supp. Un nix feel. Weer allns binnen: Schinkenknoken un rökert Fleesch, Appeln un Beern, söte Plummen un Rosinen, witte un gele Wörteln un Köll. Un ok feine, witte Meelklüten swömmen in den Gropen. Do reep Matten: „Fro, wat is uns Herrgott blots mol för en goden Kerl!" Nu harr Matten en gode Hölp un keem duchtig vöran. Blots eenmol is he neeschirig wesen. Hett nachts in den Gropen keken. Do is de Gropen annern Dag över leddig bleven.
Dat harr sick nu in Olland un op de Geest gau rümsnackt, wat Matten Sumfleet förn Wunnergropen harr. Un Dag för Dag kemen arme Lüüd, Monarchen un Toters, un frögen no enen Töller Supp. Un ümmer geev Matten. Sülvs de Paster un de Börgermeister von Stad kemen un leten sick de Wunnersupp goot smecken. Over enes Dags hett Matten doch vergeten, wat de ool Mann seggt harr. Do stunn en ool Modder op'n Süll — mag wull al tachentig wesen sien — un fröög no en beten wat Warms. Do reep Matten: „Kumm man annern Dag wedder! Ick heff sülven blots knapp een Töller vull!" De ool Modder is nich wedder komen, un de Wunnergropen för ümmer leddig bleven. Do weer dat Märken von de Suur Supp to Enn. — Un siet de Tied kunn Matten Sumfleet keen Suur Supp meer rüken.

Fritz Fischer

DE SÜLVERNE MELKPUTT

As Klaas Klasen, de achter de Geestbargen woont hett, marken dee, dat sien letzt Stünn keem, reep he sien Fro un see: „Fro, ick mutt nu wull starven." Do fung de Fro an to wenen un see: „Klaas, mien Klaas, loot mi nich alleen, snack mit uns Herrgott, dat he mi ok hoolt." „Jo", see do de Mann, „Fro, wenn ick nu in de Höll koom, wat denn?" „In de Höll", reep de Fro, „Klaas, mien Klaas, segg, wat sitt di op'n Hatten?" „Jo", see do de Mann, wenn't ant starven geit, liggt düt un dat swoor op'n Moog." „Vertell man", see do de Fro, „wi wüllt dat al wedder in de Reeg krigen." „Sü", see do de Mann, „as mien Broder storven is, geev he mi enen Büdel mit Dolerstücken, de schull ick för sien Kinner goot worrn." „Na, un?" fröög de Fro. „De heff ick nich aflevert", see do de Mann. „Achtern Hoff, bi de grisen Steen, dor heff ick jem ingroovt." „Mien Klaas", see de Fro, „de köönt wi jo wedder ut de Eer kleien." „Jo", see de Mann, „dat köönt wi woll." „Dorüm kummst ok nich in de Höll", see de Fro. „Jo", see de Mann, „dat's noch nich all. Ick heff mien Leevdoog ümmer blots Knööp in'n Klingelbüdel steken". „Mien Klaas", see de Fro, „wat büst du blots ümmer för en sporsomen Keerl wesen. Dat kriegt wi ok wull in de Reeg." „Jo", see de Mann, „ick much to geern in'n Heven." „Weeßt wat", see de Fro, „ick bring den Dukotenbüdel no dien Broderkinner, un de Paster kriggt enen Doler för de Knööp." „Ick will över nodinken, Fro", see de Mann. As he duchtig över nodacht harr, see he: „Fro, tööv mit dat Betolen, ick koom villicht ok so in'n Heven." „Jo", see de Fro, „denn weer dat jo schood üm dat schöne Gild. Over Klaas, mien Klaas", see de Fro, „wat krieg ick dat to weten, wo du büst?" „Jo", see de Mann, „ick will doröver nodinken." As he wedder duchtig nodacht harr, see he: „Fro, hööř nipp to, ick will di en Teken geven." „Jo, dat do man", see de Fro. „Höör", see de Mann, „kumm ick in de Höll, so schall de ool Wandtöller op de Deel fallen, dat he in hunnert Dele geit." „Jo", see de Fro, „dat's en goot Teken, un twei is de Töller al so noog. Un wenn du nasten in'n Heven kummst, wat krieg ick denn förn Teken?" „Jo", see de Mann, „do will ick ok gau över nodinken." As he wedder duchtig nodacht harr, see he so sien Fro: „Höör nipp to, koom ick in'n Heven, so schaßt du ok dien Freid hebben. De ool Melkputt, de al so afstött is, schall schier ut Sülver warrn." „Klaas, mien Klaas", reep do de Fro, „wat büst du för en goden Mann!" Grood harr se dat seggt, do möök Klaas Klasen de Ogen to, puuß dreemol kott dörch de Nees un bleev doot. Sien Fro seet un ween, de Noverslüüd wuschen Klaas un tröcken em dat Likenhemd an. Dree Doog stunn he över de Eer, un denn brochen se em no'n Karkhoff hen. Un sien Fro seet in eer lütt Koot un keek ümmer no den Wandtöller un no den Melkputt. Dree Doog harr se al töövt. „Is jo en bannig lange Reis", see se to sick sülven. Do pulter dat op de Deel, un as de Fro nokeek, do leeg de Wandtöller twei op de Eer. „Klaas, mien Klaas", reep de Fro, „nu büst du in de Höll.“ So gau as se kunn, tell se de Töllerstücken no. „Grood hunnert“, reep se, „Klaas, mien Klaas, glieks groov ick de Dukaten ut de Eer“, spröök dat un leep in dat Schuur, neem Schüffel un Hark un leep no de grisen Steen. Groov un groov un funn ok den Büdel mit dat Gild. Un denn güng se no de Broderkinner int anner Dörp un stell den Büdel op’n Disch. „Hier is dat Gild, dat jo tohöört.“ Un denn leep se gau torüch. „Klaas, mien Klaas“, reep se, „nu kummt de Doler för de Knööp.“ As se bi den Paster ankeem, weer se ganz ut de Puust. „Se schull sick man en beten utroon“, see de Paster, over Klaas sien Fro harr gor keen Tiet. „Nee, Herr Paster, loten Se man“, see se, „ick will blots den Doler för de Knööp vörlangen. Mien Klaas sitt in de Höll.“ „Wat för Knööp, wat förn Doler un wat förn Höll?“ fröög de Paster. As se den Paster dat vertellt harr, lach de overs luut op un see: „Wenn’t no de Knööp geit, Fro, dröppt Klaas in de Höll dat halve Dörpen.“ Over de Fro wull den Doler betolen un steek em sülven in’n Klingelbüdel. Un denn leep se torüch no eer lütt Koot. As se dor ankeem un de Döör opmoken dee, do full eer en hellen Schien int Gesicht. „Wat’s dat?“ dach de Fro; as se over no de Stuuv keem, do lepen eer vör Freid de Tronen över de Backen. Eer ole afstött Melkputt stunn ut schier Sülver op den Disch un blenker un blenker. Do neem se den Melkputt in de Arms un strook em un see: „Klaas, mien Klaas, nu büst du in’n Heven.“

Gorch Fock

DEN SEILMOKER SIEN PIEP

Wenn uns groten Scheep, de no de Westküst wöllt, dat heet no de Westküst von Südamerika, de graue Nordsee achter sick hefft, de Felsen von Dover un de Fürn von Lizard, den Piek von Teneriffa un den scheunen Nordostpassot, wenn de Lienendeup un de Haifischfang vorbi sünd un wenn denn de Südostpassotwind mit jem öber den Südatlantik reist un all mol een witten Albatros in Sicht kummt, denn kummt de leegste Törn von de Schippfohrt un de heet *Kop Horn.* Um Kop Horn möt se rum, wenn se den Solpeter hebben wöllt.

Wenn denn Staaten-Eiland passeert is, denn ward de Jungens un de Lichtmatrosen doch son bitten anners twüschen Mütz un Stebelsohlen tomot un se langt woll mol achter sick, as wenn se dat Plotenband von jemehr Mudder fot kriegen wullen.

Ober ok de olen befohren Lüd, Janmooten, Stürlüd un Kopteins, sünd keen grote Frünnen von Kop Horn un blieft dor leber dusend Seemiclen von af, as dat se dor an langschropen dot.

Kop Horn: dat heet Wochen dorch Storm un Regen, Hogel un Snee, dat heet Seen so hoch as Hüs, dat heet Eultüch un Seestebeln, dat heet Nachten so düster as dat Graff. Dat heet broken Masten, tweite Seils, öbergohnen Lodungen un öber Bord schölen Seelüd.

Kop Horn: dat heet, dat Schipp ward ton Lazarett, dat heet, dat gift keen Sloop mehr, dat heet, dat Schipp mutt

bidreihn, dat heet, dor hollt nix mehr, wi möt vor Topp un Tokel lenzen.
All dat seggt de Nom Kop Horn.
Dat Hamborger Bullschipp „Barmbek“ weur um Staaten-Eiland rum un keum nu in de beuse Gegend von Kop Horn rin. De Lüd an Bord harrn sünst woll ok son Slag Gedanken hett, dor weurn welke twüschen, de Kop Horn noch nich mit Ogen sehn harrn — ober dütmol weur dor opt Schipp wat los, wat jem gornich an dat slimme Kop denken leet: Jokob Marlspieker, de Seilmoker, harr sien Piep verloren!
Pä, wat is dor wieder bi, wenn son olen Daddi, son Janmoot, sien Piep verleeren deit?
He lehnt sick eenfach een anner int Logies, wenn he sülm keen mehr hett, oder he mokt sick een frische ut een afbroken Dweilsteel in de Freewach oder he fangt dat Prüntjern an!
De so snackt, de kennt Jokob Marlspieker nich un sien Piep erst recht nich.
Jokob is de ollst Mann an Bord, he is all länger op de Barmbek as de Käppen un hett meist ebensoveel to seggen as de Ol un as He, de Stürmann, tosomen.
De annern Janmooten estimeert em mehr as Smutje, den Kock, den sien Fründschopp op een Seilschipp doch ganz gewiß wat wert is.
Dorbi is Jokob de beste Kerl vor un achter de Mast, een von de *old-fashioned sailors*, von dat ole Slag Janmooten, dat all Gott wet wolang utstorben is, wenn een de Woterkant snacken heurt, un dat doch erst utstar-

ben deit, wennt keen Marsrohn un keen Royalseils mehr op de Welt gift.
Un Jokob sien Piep, ochott, dat lett sick jo gornich vertellen, wat dor all mit los is, dor is jo rein dat Enn von weg.
De Geschichte von de Piep, dat is würklich all son lütten Roman, wenn Jokob ehr vertellen deit.
Boben op de Kordilljeren, merden innen Snee hett de Struk stohn, ut den sien Holt de Piep mokt is: een Indionerhäuptling hett den Struk unner Lebensgefohr un allerhand Hoveree von de Felsen dolholt. Un in de Passoten, as Jokob mooi Tied harr, hett he sick de Piep ut dat Holt trechtsneden.
Achtein Dog, seggt se, hett he dorto brukt, so hart is dat Holt west un soveel Meucht hett he sick dorbi geben. Jokob hett all allerhand feinen Krom trechtschostert, he sett een Vullschipp innen Buddel, as weurt een Maiseber, un kann ut een Zigarrenkist dree Neihkastens un veer Aschammers moken, wennt sien mutt, he tokelt di een Schipp mit verbunnen Ogen op; — ober son Meisterstück as de Piep is em doch man eenmol glückt. Den ganzen Sündenfall harr he dor op utsneden: mit den Appelbom un den Appel un mit de Slang un mit Adam un Eva. Dor fehl nix an, nichmol dat Fiegenblatt, wenn ok allens een bitten op den Dutt seet un wenn Adam ok X-Been kregen harr. De Slang steek sogar son bitten de Tung rut.
Un op den Piepensteel stunn in lütte lotiensche Bookstoben: *Jakob Marlspieker — Seemann — 1913.*

Jedereen, de de Piep to sehn kreg, de verget sien Kummer un sien Sorgen for een Ogenblick un frei sick öber Jokob sien Piep un leet sick von em de Geschichte von Adam un Eva un jemehr dumm Tüch verkloren.
Nu weur de Dom ut: Jokob sien Piep weur weg un keen Dübel wuß, wo se afbleben weur, von sülm keum se nich wedder un herfleuten oder hersignoliseern leet dat Ding sick ok nich. De ganze Sündenfall weur un bleef verswunnen.
As de Koptein dat to weten kreg, weur sien erst, dat he not Achterdeck gung un de Indregung in dat Schipps-Jurnol mok: „Den 18. Oktober auf 51 ° 3 ′ 5 ′ ′ Süd und 62 ° 1 ′ 9 ′ ′ West die Pfeife des Segelmachers Jakob Marlspieker verloren gegangen."
Mit düssen Satz keum Jokob sien Piep ober ok nich wedder an den Dag, wenn he ok een Bewies dorfor weur, wo wichtig Jokob un sien Piep an Bord weurn.
Jokob weur rein ut de Tüt um de Piep un gung mitunner de Sook an as son dull Deert, so geruhig as he sünst ok weur.
Dat harr wat to bedüden, sä he den ganzen Dag, dat harr wat to bedüden!
Wenn se man blot erst um Kop Horn rum weurn! Wenn he de Piep nich wedderkriegen dä, denn wull he in Valparais afmustern un dat Schipp nich weddersehn! He weur op keen Ort un Wies wedder ut de Fohrt to kriegen: de Piep, de Piep, de Piep weur weg!
He kunn toletzt wieder nix seggen as blot noch: Piep! He kunn sick jo doch man een nee Piep moken, meen

de Ol, un de Stürmann sä, he harr noch een scheun Stück Holt liggen. Ober Jokob sä ne, son Holt geef dat nich wedder, dor harr blot een son Bom boben op de Kodilljeren stohn, dat harr de Indionerhäuptling em schriftlich geben kunnt, wenn he schrieben kunnt harr. All dat anner Holt weur veel to week for son Sündenfall, dor kreg he Eva ehr spitze Nees nich mit rut un mit Adam sien Fiegenblatt harr he ok sien Last: annen tweeten Sündenfall wull he överhaupt gornich denken: he wull sien Piep wedder hebben!

Den eenen Dag sä he sogor: de harr em woll een wegnohmen, dat he ehr in Hamborg verkäupen wull von wegen den hogen Kunstwert von dat Objekt: düsse swore Beschulligung nehm he ober all den annern Dag trügg un sä, he wull nich, dat de Fall vor dat Seeamt keum, ober se mussen em seuken helpen, dat he sien Piep wedder kreg.

Gewiß, sän se, dat wullen se ok.

Wo he ehr toletzt hatt harr?

Innen Mund, sä he.

Jä, denn sull he de Piep dor man wedder rut kriegen!

Dat gung nich, innen Mund weur se nich mehr, sä he.

Denn muß se wegweiht sien!

Ne, wegweihn kunn se nich, he klemm ehr ümmer twüschen de Tähnen fast, sä he.

Oder de See harr ehr wegspeult!

Ne, he harr blot bet annen Hals int Woter stohn, as se den Pampero hatt harrn, sä he, bet an den Mund weur em keen Druppen komen.

Denn harr he ehr wegleggt oder de Dübel harr ehr holt, sän se do un denn fungen se an: „Weur son scheune Piep, Jokob!"
„Jo, jo!"
„Dor weurn jo ornlich Figuren op, Jokob!"
„Jo, jo!"
„Een Ool weur dor mit op, Jokob!"
„Ne, Gorch, die Schlange aber war listiger, de weur dat, Gorch!"
„Nokte Minschen weurn dor ok mit op, Jokob!"
„Adam un Eva weurn dat", sä Jokob son bitten strenger. „Jungens, de Piep mutt ick wedder hebben oder ick geef de kristliche Seefohrt op un blief an Land."
„Hest ok all ornlich in dien Kist tokeken, Jokob? Son Piep, de ut son Indionerhäuptling sien Fell mokt is, de hett ehr Mucken, krupt in de Eck un seggt nich mol Adjüst."
„Allens heff ick dorchsehn, Scharli. Dat hett wat to bedüden, dat gläuf ick jeden Dag mehr: wi komt nich um Kap Horn rum, wenn wi de Piep nich wedderfinnen dot, ick heff son Ohnung."
Do steek de Stürmann sien Kopp dortwüschen un reep ton Seilfastmoken un se mussen alleman in Nacht un Storm rut un de Backbordwach helpen.
Kop Horn mok sien ersten, groten Beseuk bi jem. Dat weur een beusen Krom dor boben op de Rohn un bi de Seils, de Wind gung de Sook an, as wull he een dat Hart uten Liew weihn, un dat Schipp hol bannig öber! Un kold weur dat, dat de Fingern dat stiebe Seildook kum bearbein kunnen. Ober dorbi: wat snacken se boben op de Bramroh?

„Minsch, wo sull de Piep woll bloß afbleben sien?“
„Dat much ick ok mol weten, Jan! Wenn wi man bloß erst de Piep wedder harrn!“
De Piep, de Piep, so gung dat nu bald opt Achterdeck un int Logies, nedden op Deck un boben in de Masten. Dat ganze Schipp quäl sick um de Piep. Rein as een Krankheit weur dat.
Keum de Koptein morgens an Deck, denn weur sien erst Word: „Is de Piep wedder dor?“
Un erst wenn he dor de Antword op kregen harr, denn freug un kek he no Wind un Wedder.
Gung een an de Kombüs vorbi, denn freug he Smutje nich no Plummen un Klüten oder Sanften Heinerich, ne, he freug: „Na, Kock, hett de Piep sick wedder sehn loten?“
Se sochen un roden mit alle Mann un krempeln dat ganze Schipp um, ober dat holp ok nix: de Piep keum nich wedder un keum nich wedder. De Stürmann keem sogar bi un rich Lord, den groten Neefundlänner Hund, as Polizeihund af, geef em Witterung un leet em allerhand Luskrom von den Seilmoker ut de Ecken snüffeln. Ole Tüffeln, tweite Strümp, Prüntjes un sowatgodes keem dorbi togang, ober nich de Piep mit den Sündenfall.
De Piep, de Piep!
Hett keen Minsch de Piep nich sehn?
So sung un frog dat ganze Vullschipp von de Gallion bet no dat Heck un Jokob jaul, dat se nich ehr um Kop Horn rum keemen, bet se de Piep wedder harrn. De Piep muß wedder her! Doröber weurn se sick an Bord all eenig.

Wenn de Backbordwach an Deck weur, denn öberholen de Stürbordslüd de jemehr Kisten un Kasten un de Backbordgäst moken dat umgekehrt, ober helpen dä all nix. Dor worr bald gornix anners mehr snakt as von de Piep. Sä een „Meun", denn sä de anner: „Och wat, Meun, seuk man leber den Seilmoker sien Piep!"
Wull de een op sien Harmoniko spelen, denn heet dat gliek: „Sett den Jammerkasten man weg, dormit jogst de Piep bloß noch wieder weg!"
Reep de Bootsmann ton Reffen, denn reepen se: „Wat helpt dat? Dormit kriegt wi de Piep ok nich wedder!"
Fung een von St. Pauli an, denn sän se: „Goh af mit dien St. Pauli, lot uns man leber von de Piep vertellen!"
Dat weur een Wedder, as wennt blot noch Storm op de Welt geef!
As wenn de Piep dat Schipp behext harr, so leet sick dat an.
Keeneen von de Kru harr son beus Wedder all mol bi Kop Horn beleeft un dor weurn verdori ole Janmooten an Bord, de sick all Wind um den Steven weihn loten harrn, ick segg di, jo!
Jeden Dag Storm un jeden Dag Storm un ümmer grod von vorn! Jeden Dag legen se unner Stormseils bidreiht, dat Deck weur een Woter un keen Minsch keem ut Eultüch rut.
Un dorbi keen Stück wieder no Westen hen, ümmer dreef de Wind, dreef de Storm jem wedder trügg.
Mol harrn se Kop Horn in Sicht, de blauswarten Bargen, de so wild up de See op steegen: den annern Obend weurn

se all wedder twintig Mielen trügsmeeten. Harrn all veel wat wegkregen, de een harr den Arm broken, de anner harr de Knee afrüscht, de drütt harr de Hand in de Klemm hatt. Een weur öber Bord komen un verdrunken. Wat sän se den annern Dag?

„Wenn de de Piep nu mit öber Bord nohmen hett, denn kriegt de Seilmoker ehr nich wedder to sehn!"

De Piep, de Piep!

De Seilmoker bee un soch, de Matrosen fluchen, de Stürmann schimp toletzt Mord un Brand un de Ol, de Koptein, fung an to grübeln, all öber de Piep. Se gläuben toletzt alleman, dat de Piep de Schuld harr, dat se nich um Kop Horn rum komen kunnen un dat se son slecht Wedder harrn.

Toletzt sä de Ol ton Stürmann:

„De Piep mutt dor her, Stürmann, un wenn ick dat Schipp oppen Kopp stellen sall. Wo hefft wi noch nich socht?"

„In den Seilmoker sien Kist, ober dor ward he doch woll all söbenmal sülm nokeken hebben."

„Kann sien, ober beter is beter", sä de Koptein, un den annern Dag, dat weur oppen Sünndag un de Storm harr sick wat geben, gung he int Logies rin un freug: „Na, Seilmoker, is de Piep wedder dor?"

De Seilmoker seet op sien Seekist un lees in de Bibel. „Ne, Koptein", sä he, ohne dat he opkek.

„Mi hett wat dräumt, Seilmoker, wat mit de Piep wat to don hett. Gifst du wat oppen Drom? Sünst beholl ick mien Weisheit leber for mi."

Slau muß he dat anfangen, dat wuß he, de Koptein, sünst kreg he den olen Jantje nich tohm.
Jokob tipp mit den Finger op de Stä, wo he bi to lesen weur, kek op un sä: „Jo, op Dräum geef ick wat, Koptein."
„Jä, mi hett dräumt, Seilmoker, dien Piep, de lä unnen in dien Seekist, bi dien wittblauen Buscheruntje un de ole griese Unnerbüx. Hest du een wittblauen Buscheruntje un een ole griese Unnerbüx in dien Kist?"
„Dat woll", sä de Seilmoker, sett sick ober noch faster op sien Kist dol.
„Ober de Piep liggt dor nich bi, ick wet ganz genau, wat in mien Kist is."
„Wöllt leber mol tokieken, Seilmoker", vermohn de Koptein em.
„Deit nich neutig, Koptein, ick weet ganz genau, wat in mien Kist is."
Jokob bleef bi sien Lex.
„Wöllt doch mol nosehn", sä de Koptein wedder, nu ober all son bitten basch.
He wull an den Deckel ran, ober de Seilmoker gung nich weg.
„Ick bün hier in den Offenborung St. Johannis", sä he, „un ick verbiester dorin, wenn ick nu afbreek."
De Koptein geef ober nich no.
De Offenborung von de Seekist weur ebensowichtig, sä he, un as dat ok noch nich helpen wull, do sä he: „Quisisana, bediene dich selbst!" — un he nehm den Seilmoker mit sien Bibel, bör em von de Kist raf un sett em op de anner Siet vont Logies op den Timmermann sien Kist.

De Seilmoker wehr sick nich, he lees wieder un sä: em gung de Sook nu nix mehr an.
De Koptein mok de Kist open un öberhol den Krom, de dor in weur.
Richtig lä de Piep mit den Sündenfall dor in, lä dor ganz kanditel mit Adam un Eva un de Slang twüschen dat Tüg!
De Seilmoker harr notürlich gornich bi sick sülm nosehn: he wuß jo ganz genau, wat in sien Kist weur.
Junge, Junge — erst wull de Koptein sick argern, denn wull he losballern, toletzt ober lach he in sick rin. Keen Word sä he, stunn sinnig op un lä den Seilmoker de Piep op dat Blatt un sä geruhig, as wenn nix passeert weur: „Dat is de Piep, Seilmoker."
Jokob Marlspieker ober kek kum op un antwor ok ganz geruhig, as wenn dorn Brummer seet: „Jo, dat is de Piep."
Un de Matrosen, de int Logies weurn, keumen neuger un sän ok ganz geruhig: „Jo, dat is de Piep."
Se winken den Stürmann ran, he kek rin un sä ok ganz geruhig: „Jo, dat is de Piep."
Nüms reg sick op un as se all seggt harrn: „Jo, dat is de Piep", all ganz geruhig, do klapp de Seilmoker toletzt sien Bibel to un sä: „Nu komt wi ok um Kop Horn rum!"
Un de annern sän ok all: „ Nu komt wi ok um Kop Horn rum!"
Un as dat von de Piep stiller worr an Deck, as se wedder von Wind un Wedder snacken dän, von St. Pauli un von de Solpeterküst, as se wedder Harmoniko spelen un oppen Kamm blosen dän, as se sick wedder um dat

Schipp quälen kunnen un dän: gotts verdori, wat meent Ji: do keemen se ok würklich rum um Kop Horn! No veertein Dog legen se all vor Valparais un Jokob Marlspieker, de Seilmoker, harr sien roten Plüschscheuh an un spazeer op de Strooten lang as son Pascha un harr de Piep mit Adam un Eva un den ganzen Sündenfall innen Mund.

Klaus Groth

MIEN MODERSPRAK

Mien Modersprak, wa klingst du schön!
Wa büst du mi vertrut!
Weer ok mien Hart as Stahl un Steen,
Du drevst den Stolt herut.

Du bögst mien stiwe Nack so licht
As Moder mit ern Arm,
Du fichelst mi umt' Angesicht
Un still is alle Larm.

Ick föhl mi as en lüttjet Kind,
De ganze Welt is weg.
Du pust mi as en Voerjahrswind
De kranke Boss torecht.

Mien Obbe folt mi noch de Hann'
Un seggt to mi: Nu be!
Un „Vaderunser" fang ick an,
As ick wul fröher dee.

Un föhl so deep: dat ward verstan,
So sprickt dat Hart sick ut.
Un Rau vunn Himmel weiht mi an
Un allns is wedder gut!

Mien Modersprak so slicht un recht,
Du ole frame Red!
Wenn blot en Mund „mien Vader“ seggt,
So klingt mi't as en Bed.

So herrli klingt mi keen Musik
Un singt keen Nachdigall;
Mi lopt je glik in Ogenblick
De hellen Tran hendal.

Klaus Groth

DE JUNG UN DE DÖWEL

Dar weer mal en Jung, un de Jung gung langs en Weg un knack Noet. Do funn he een, de weer wormsteken, un in't sülvige bemött he den Döwel.

„Is 't wahr", seggt he, „wat man vertellt, dat de Döwel sick so lütt maken kann, as he will, un dat he dör dat Ohr vun en Neihnadel dör kann?"

„Ja", antwoor de Döwel.

„Denn laat mi dat mal sehn", sä de Jung, „un kruup in disse Noet!"

Dat dee de Döwel. Un as he nu binn' seet, steek de Jung en Plock vör't Lock. „Nu heff ick di!" sä de Jung un steek de Noet in de Tasch. As he en Tietlang gahn weer, keem he an en Smeed, dar gung he rin un bä den Smid, ob he em nich de Noet tweislaan wull.

„Ja", sä de Smid, „dat's licht to", un nehm sien lüttsten Hamer, lä de Noet op den Ambult un hau to. Aver de gung nich twei. Do nehm he en beten grötern Hamer; aver de weer ok nich stark noog. He nehm en grötern, aver de dee't ok nich. Un so worr de Smid dull un nehm sien groten Slaghamer.

„Ick schall di doch wull twei kriegen!" seggt he un sleit to, all wat he kann.

Do güng de Noet twei, un dat halve Smeedsdack floog weg, un dat knall, as schull dat ganze Buwark dalfalln.

„Ick dach, de Döwel seet in de Noet!" sä de Smid.

„Dat dee he ok!" sä de Jung.

Emil Hecker

HEIN HANNELSMANN

Hannelslüd' hett dat al jümmer geven, un ick glöv uck ni, datt se mol utstarvt! Is so smuck redig to, wenn en de Wor in't Hus bröcht kriggt un sick bie en Tass Kaffee in Roh un Freeden dat utsöken kann, 'nem en jüst Snuten to hett.

In ole Tieden kämen se as Rümlöper, to Fot, as Butje Bandkorv, de mit Knöp un Band, Nodel un Twern hannel un jümmer sä':

„Is de Hannel noch so lütt,
bringt he liekers dat un düt!"

Denn wörr de Tiet wat gauer loopen, un de Hannelslüd' müssen tosehn, datt se ni achterutsacken; se kämen nu mit en Fohrrad un kunnen al recht en beten mehr an Woren mit up Tur nehmen. Je, un nu, in uns jogige Tiet, nu föhrt se smuck mit Musik in en Merzedes oder VW-Bus dör de Gegend un hefft en halv Worenhus mit sick to'n Verhökern. Mit so'n poverigen Krom as Nodel un Foden gevt se sick al lang ni mehr af. Blots wenn noh söven fette Johr mol weller söven mogere komt, 'nem de ol Fru mol vun seggt harr: „Sünd hochbeenige Tieden!" do bunn' se sick de Strümp boven't Knee fast, denn möt de Hannelslüd' weller to Fot los un birrst as Rümlöper noh Hus un Hoff un Kot un frogt: „Is hier wat to hanneln?" Denn kannst dor buten uck mol Lüd' mit fiene, witte Hannen bemöten, mit „Scholmeisterhannen", as Tant Trino ehr nömt, Lüd', de keen Parteibok mit de

richtige Klör vörwiesen kunnen un jümehr Amtsstuv mit de Landstrot vertuschen müssen. Un wenn uck jedereen vun de doren Lüd' wat anners antobeden hett, wenn se mit allens hannelt, wat Lüd' verdrütt, denn sünd se sick dor liekers eenig in, wenn se seggt: „En Handvull Hannel is beter as en Wogen vull Arbeit!"
As de Dör vun de Scholstuv uck achter Hein Hansen tomokt wär un he buten up de Strot stünn' un up'n Stutz ni wüß, wat he nu för Fru un Kinner don kunn, do leet de Welt heel düster för em. Over as he noh'n Veerteihndogstiet för en grote „Staubsaugerfabrik" hanneln schull un mit sienen Hulbössen vun Hus to Hus leep un an Dör un Dor klopp, as he hier mol eenen verköff un dor up tokomen Mond vertröst wörr, do kreg he weller nieden Mot in't ole Hatt un en dick Fell dorto, wenn em mol een bots de Dör vör de Näs toballer un giftig kreih: „De hanneln will, de will bedregen!" Over bit sien witten Hannen vun Sünn un Wind un Regen de rechte gesunne Klör kregen harrn, bit he sienen nieden Nomen „Hein Hannelsmann" weg harr, do leep noch en Dutt Woter den Barg dol! Wat schaßt uck wull veel moken, wenn een bie't Vörfrogen to di seggt: „Hulbössen? Do mutt ick de Olsch erst noh frogen, de kümmt glieks weller! Hier, nehm den Riesbössen man solang un feg de Strot!" Wat wullt du moken, wenn du di dor sodennig twee Stünnen mit aftiert hest, bit de Olsch kümmt un seggt: „Hulbössen? Dor mutt ick mi erstmol mit mienen Kerl besnacken, un de is al vör'n halve Stünn' wegföhrt un kümmt erst to Ovend weller!" Je, ick bed di: wat schaßt du moken!

Kannst di freuen, wenn du dor en Töller gode Arfensupp bie arvst oder en Tut vull Eier, de du denn kilometerwiet mit di rümslepen döffst!
Jo, jo, sodennig kann en Hannelsmann wat beleven!
Dat dullste Stück, wat Hein Hannelsmann mol tostött, dat hett he in Olendörp belevt. He harr den Dag Glück hatt un harr in't Dörp twee Hulbössen verköfft. „All de goden Dingen sünd dree!" sä' he un leep vergnögt up en lütte Landstäd' to, de en beten sietaf vun de breede Strot läg. De Lüd', olt un gries, leven dor wat eensom un freuen sick, wenn dor mol een bie ehr inkek; wär je mol wat anners! Hein bod de Tiet un sä' sienen Vers denn je uck up un leet den Hulbössen in't helle Sünnenlicht blinken: rode Lack un blanke Chrom! De beiden Olen keken sick an un nickköppen: „Wär gorni so bieto, so'n Dings to hebben!" un nödigen Hein noh binnen. Un de füng sien snoksch Weswarkerie denn je uck forts an: he kreg en grote Tut ut den Rucksack, en Tut vull mulligen Stoff, un streu den doren Krom över Sofo un Sessel un up Peddich un Stöhl.
„Chott nee uck doch! Mann, wat schall dat? Hol blots up!" jank de Fru, un de Ol schüttkopp: „Ick segg je: da's allens Schiet, wenn en mit Dreck hannelt!"
Over Hein begösch ehr, streu lustig wieder, bit de Tut leddig wär, un stünn' dor denn as en lütten König: „So, nu schöt ji sick over mol wunnern, wat mien Hulbössen allens kann!"
Un he kek rundümto: „'nem is de Steckdos denn?"
„Wat för'n Dings?" frog de Ol.

„De Stekdos ... vun de Lichtleitung, wet ji wull!"
„En Stekdos hefft wi ni!" anter de Olsch, un de Ol gnarr: „Wi sünd hier noch ni an den Strom ansloten!"
„Wat ... wat ni?" ... Keenen Strom? Keen elektrisch Licht?"
„Nee, wi liegt je sowiet af vun de Strot, do is uns dat to düer mit de Anlog. Geiht je uck mit Peterleum!"
Hein Hannelsmann sack tosomen: „Ick krieg den Dolslag!" un sähg keenen lütten König mehr liek.
Un denn ... wat schull he anns moken? Dat güng je ni mit Peterleum! ... denn güng he mit Böst un Bössen den Stoff to Liev, den he dor so vullhandig in de Stuv utstreut harr; un dat duer sien Tiet, bit allens weller smuck un schier wär!
„Je", seggt Hein Hannelsmann, wenn he dorvun vertellt, „dat wär mol wat!" Un denn tröst't he sick liekers mit de schöne Mettwust, de he vun de beiden olen Lüd' mitkregen hett!
Un mi dücht: so'n Trost is noch lang ni de slechtste!

Hans Heitmann

TÖRF KÖPEN

De Dokter harr sien Spreekstünn proppenvull, un de Lüüd harrn em so veel vörjammert, dat he nu nix mehr verdregen kunn. Grantig weer he al vun Natur, un vundaag weer dat Maat streken vull.

Nu — gottloff, dat ool Wief eben weer je wull de letzt west! Nu man gau de Döör afslüten, dat dor ni noch een ankröchen kümmt!

Aver jüst, as he in de Töövstuuv keem, do pedd sick dor al een buten de Fööt af un klopp an. As wenn dat Schild buten vör de Döör gorkeen Geld kost harr: Herein ohne anzuklopfen!

Dat klopp noch mal. „Nu man rin!" bölk de Dokter argerlich. „Ok so'n, de dat Lesen ni lehrt hebbt!"

Un dor stünn he. Lang un krumm, de Huut so bruun as Schaapsledder, un ok de Ogen pliern so, dat se dorto passen. „Se sünd dat noch, Lüders?" gnurr de Dokter em an. „Wull jüst toslüten!"

„Go'n Dag, Herr Dokter", sä Ehler Lüders verlegen.

„Ja ... ick kunn ni fröher kamen, Herr Dokter. Ick heff en Söög liggen. Un de ... de Söög, de ..."

„Will'k gorni weten!" wink de Dokter basch af. „Heff ick gorkeen Tiet mehr to. Los, gahn S'man rin!" un wies na sien Spreekstuuv.

„Ja — ick wull man seggen, Herr Dokter ...", versöch Ehler dat noch mal. Aver nu weer't al to veel. „Rin! segg ick! Nu man to! Man ni eerst veel Fisematenten! Mal will ick doch ok kloor warrn!“ Un Ehler leet de Ohrn hangen un güng rin.

„Uttrecken!“ verlang de Dokter.

„Ja ... aver ick wull man ...“

„Uttrecken, heff ick seggt!“ kreeg he den Wind vun vörn. „Wat Se wüllt, is pottegal; hier gelt dat, wat ick will! Nu man rünner mit den Plünnkraam!“

„Uttrecken ...?“ wunner Ehler sick. „Ick ...?“

„Künnt Se mi verstahn oder ni? Dachen Se vellicht, ick schull mi uttrecken? Nu man en beten hopp, hopp! Ick heff mien Tiet ok ni stahln!“

Ehler verfehr sick. He fingereer al an de Knööp rüm; aver op’n Harten harr he liekers noch wat. „Schall ick ni eerstmal ...“

De Dokter verstünn dat anners, as dat meent weer. „Ah wat! Dat künnt Se nahsten noch, wenn wi kloor sünd. Nu man to, man to!“ Wenn Ehler bet herto noch ni verschüchtert weer, denn weer he’t nu. So — dor hung de Jack över’n Stohl. „De West ok!“ dräng de Dokter al wedder. „So — un nu dat Hemd rünner! Hm — harrn sick ok geern mal en frisch antrecken kunnt!“ Ehler trock sick dat Hemd över de Ohrn. „Ja ... aver ick wull je man ... ick wüß je ni ...“

„Hett mit Wull un Wüß nix to doon!“ schimp de anner. „De na’n Dokter geiht, de dörvt ni as so’n Swienegel hier ankamen. Kiek — över un över dörchsweet! Hm ... jeden Dag koolt waschen, an’n leevsten tweemal, morrns un abends!“

„Dat Hemd ...?“ fraag Ehler verbiestert.

„Dumm Tüüch! Dat Fell, dat Fell! So — nu mal en beten neger ran!“ De Dokter sett al sien Höördings an. „Deep Luft haaln! Ganz deep! So — noch mal!“ Ehler puuß ut Kröpelskraft, un de Sweet leep em in de Boortstoppeln. „So — nu hier noch mal. Hm. Mal ‚aa‘ seggen!“

„Wa ... wat schall ick seggen?“ — „Aaa!“ — „Ach so. Aa!“

„Dor is allns in de Reeg“, nück de Dokter. „Tung rutsteken!“

„De Tung?“ fraag Ehler. „Wokeen denn?“

„Nu man rut mit den Lecker!“ schimp de Dokter. „Oder hebbt Se överhaupt keen?“

„Do ... doch!“ behaup Ehler. „Do ... dor!“

„Ok in Ornung. — Wo is’t mit de Maag?“

„Mien?“ fraag Ehler. „Mien Maag ...?“

„Ja, verdammi nochmal! Mit mien egen weet ick sülm Bescheed! Keen Besweerden? Smeckt de Bookwetenklümp?“

Ehler grien. „O ja, dat geiht.“

„Keen Verstoppen?“ wull de Dokter weten. „Keen Buukweh un so?“

„Verstoppen?“ schürrkopp Ehler. „Ick ...? Nee!“

De Dokter versöch noch düt un dat. Leet em mal hoosten, klopp em mit en lütten Hamer gegen de Been, klei em ok noch mal mit’n Dumen dweer över’n Buuk ... un Ehler, de schuul em an un riskeer dor keen Woort mehr to.

Aver de Dokter weer ok al stiller worrn. He slacker mit de Ohrn, versöch mal wedder wat anners, föhl hier rüm un föhl dor rüm — un denn schööv he sick de Brill hooch: „Ja, Lüders, denn ... hm — Mal Hexenschuß hatt?"

„Ick? Nee."

„Oder Ischias, Rheumatismus? — Sünd Se lahm in de Kneen? Oder in't Krüüz?"

Nee, sä Ehler, dor wüß he nix vun af. Kunn je angahn, dat dor wat weer, sä he; aver markt harr he dor betto noch nix vun. Un kiek — dat paß den Dokter nu ok wedder ni! „Mann!" baller he los, „Se sünd je gesund as en lütt Farken! Wat wüllt Se denn överhaupt hier in mien Spreekstünn?"

Un nu — nu kreeg Ehler Lüders Överwater! Nu keem he ok mal an! „Ach, Herr Dokter", sä he un haal mal deep Luft, „ick ... ick wull doch man fragen ..."

„Ja, to'n Deuvel nochmal, wat wüllt Se denn fragen? Nu kamen S' dor doch mal mit rut, eher ick wild warr, Mann!"

„Wat Se ... wat Se wull ... en Föhr Törf hebben wüllt, Herr Dokter."

Un nu keek de Dokter sülm ok ni veel klöker ut de Ogen as Ehler Lüders.

„Törf ...? Ach so, Törf! Ja — worüm sään Se dat denn ni gliek, Mann?" — „Ick ... ick kunn je ... ick kunn je ni ankamen", grien Ehler verlegen.

„So, so. Hm, so, so. Ja — wat gelt de Törf denn?"

„Annerthalf Daler, Herr Dokter. Mien Wagen steiht al buten."

„Is goot. Ick nehm den Törf."

„Dörf ick mi denn nu wedder antrecken?“ fraag Ehler schüchtern.
„Ja, man to! Man en beten fix! Un denn man gliek to Böhn mit den Törf!“
Ehler fummel sick dat Hemd al över de Schullern. Nu de West un nu noch den Rock, so. Un denn wull he rut. Aver nu leet de Dokter em noch ni ut de Döör. „Hö! Hallo, Lüders! Eerst betahln!“
„Nu al gliek, Herr Dokter? Hett je keen Il.“
„Nu gliek, ja! Mutt gliek in de Reeg bröcht warrn. – Annerthalf Daler kost de Törf? Hm, ja. Un dat Ünnersöken kost twee Daler ... denn krieg ick man noch en halven Daler.“
Ja – de Reken stimm, dat möß Ehler Lüders ok insehn. „Ach so, ja. Nix för ungoot, Herr Dokter. Un velen Dank ok.“
Un denn slep he den Törf to Böhn. Dor binnen weer't ok doch meist en beten köhlig west, so in't blote Fell ... Na – Hauptsaak: Sienen Törf weer he los.

Wilhelm Henze

DEI NOTBREMSE

Jedetmal, wenn eck meenen olen Fründ Potenhauer in Langenhagen beseuke un dei Rede kümmt up dei Eesenbahn, denn ward hei fuinsch.

„Blewet meck man jo mit der verdreihten Eesenbahn von Baste; et is all lange her, dat eck'r dat erste un leste Mal uppe feuert hebbe; aberst wenn eck da jetzt an denke, denn löpt meck noch dei Galle ower."

„Ja, wat heste denn eigentlich up dei Eesenbahn ?" fraug ecke 'ne mal.

„Dat will eck deck jetzt vertellen: Eck was in Breinum hinner Hildesheim tau'n Polterabend un tau'r Hochteet innelahn. Eck packe meenen Kuffert, nöhme en groten Pott vull Zwetschenmauß, wo eck dei mee'e owerraschen wolle, un begebe meck na'n Hannowerschen Bahnhowwe.

Da kümmt 'n Keerl mit 'ner Bahnmützen up meck tau un fröggt, wo eck hen wolle ? ‚Na', segge eck, ‚na Hildesheim !' Denn mößte eck meenen Kuffert explodeeren laten. Hei giwt meck en Scheen, wo hei noch wat upkleie, den schölle eck in Hilmsen afgeben, denn kreege eck da meenen Kuffert, un damee hucket 'ne up un schüft'r mehe af.

Wee eck meck niu en Balljet käupe, blaffet meck dei Balljetkeerl an, eck schölle snell loopen, süs keime eck nich mähr mee'e, dei Zug feuhre gleek af. Eck segge: ‚Heuren Sei mal tau, Sei hebbet woll'n Fimmel ? Tau'r Meniute hebbe eck meck düt Balljet 'ekofft; niu draf doch dei Zug ohne meck nich affeuhren! Eck schall meck for meen duire Geld ok wol noch afklabastern?' — Wee eck uppet Parron kome, da flüttjet dei Zug un flutschet sau langsam an meck vorbee. Eck bölke hinnerher: ‚Holt, stopp, eck will mee'e; eck hebbe 'ne Kaarten.' Ja Fleutjepiepen, je liner eck schree'e, je sneller karjuckelt hei an meck vorbee, un wege was hei. Eck stund da, wee en Lohgarber, den de Felle weg'efloten wören. Worümme flüttjet dei verdreihte Zug niu grade up dei leste Minute? Niu rutschet meen Kuffert na'n Potte, un eck stahe heer mit meenen Zwetschenmauß wee Bottern an der Sunne.

Dei nägeste Zug, heit et, wöre en Snellzug, da gülle dat langsame Balljet nicks mähr; eck mößte meck en neet Balljet keupen. ‚Denn is't giut', sä eck, ‚denn schall up düt langsame Balljet aberst en anner ok nich mähr up feuhren; wenn eck et for Kattensniuf 'ekofft hebbe, denn reete eck et ok for Kattensniuf kaput.' Wee eck meck aberst recht beseihe, hebbe eck in meenen Arger un Blustrigkeit dat Snellzugballjet kaput 'ereten un dat langsame Balljet noch in der Hand, un eck mößte meck noch en drüttet Balljet keupen; un sau könne eck endlich insteegen. Kium bin eck innesteegen, da seihe eck, dat eck up'en Parron meenen Zwetschenmaußpott stahn laten hebbe. Eck schree'e iut'n Fenster: ‚Ach Sie da! Reichen Sie mich doch meinen Zwetschenmaußpott her!' Ja Fleutjepiepen, dei Pott bleew stahn, un eck rutsche na Potthilmsen.

In Hilmsen gebe eck denn meenen Scheen af un verlange meenen Kuffert. Da segget se: Up'n Telegrammformular, wo uppestünne ‚Giut vor einen Kuffert', geiw et nicks. ‚Wat is düt ?' segge eck. ‚In Hannower is meck düsse Scheen 'egeben, un eck verlange meenen Kuffert.' Denn wöre eck Spitzbiuben in de Hänne gerahn; den Kuffert wöre eck los.
Eck segge: ‚Dat will eck erste mal seihn !' Eck namm meck noch en veiertet Balljet un karjuckle wedder na Hannover. Da segget se meck datsülbige, den Kuffert wöre eck los, meen Zwetschenmaußpott wöre aberst noch da. Na, denke eck, bäter wat wee gar nicks. Eck keupe meck 'ne füfte Kaarten; klatere in Wagen un stelle den Zwetschenmaußpott boben up 'en Börd.
Da seihe eck in der Ecke sau 'en Klockenzug hängen. Eck frage meenen Nahber: ‚Wo geiht denn düsse Klockenzug hen ?' Da seggt dei: Dat wöre nein Klockenzug, dat wöre 'ne Notbremse; da wöre anne retten, wenn dei Zug mit einenmale stille holen schölle.
Eck keeke niu iut Langerwiele mal taun Fenster heniut, ob we noch nich balle in Potte sind. Da ritt meck dei Wind meenen nee'en Haut von Koppe.
Eck schree'e iut'n Fenster: ‚Kutscher, holt mal an, meen nee'e Haut liggt in'n Graben !' Ja, dei heure nich; dei jage wee dull un blind drup los. ‚Nä, nä', sä eck, ‚wat is meck düt; eck will froh seen, wenn eck erst in Hilmsen bin !' Da seggt meen Nahber: Wenn eck na Hildesheim wolle, denn wöre eck in'n verkehrten Zug 'estegen, düsse feuhre na Bremen.

Na, niu meine eck aberst, eck kreege doch'n Dalslag. – Eck denke: Holt, stopp, jetzt is't aberst Teet an den Klockenzug; eck den Klockenzug geretten, dei Zug hölt mit'n bannigen Rucke stille, meen Zwetschenmaußpott störtet von'n Böre herunner 'ner Dame uppen Haut un Kleed; dei daneben seiten, kreegen ok noch jeder en Klacks af, un bautz liggt dei ganze Zwetschenmaußpott up'n Fautbodden. Da ritt dei Schaffner dei Dör open un bölket: ‚Wer hat die Notbremse gezogen ?' un ‚Was ist das hier für eine Schweinerei ?
‚Dat is neine Sweenere'e ! Dat is Zwetschenmauß, hei Snellzug-Keerl ! Un wofor is denn dei Klockenzug da, wenn 'ner nich anne retten weren schall ?'
‚Das sollen Sie denn schon sehen ! Reinigen Sie vor allen Dingen den Wagen !'
Eck harre 'ne Wiut up'n Baste. Mit'r Göpschen smet eck dat gladde Zwetschenmauß iut'n Fenster, eck künn't doch nich alle uplicken !
Da werd wedder dei Wagendör upperetten.
En Bahnkeerl mit 'ner ro'en, bekleckerten Zwetschenmaußmütze störtet herin un schree'et: ‚Wer wirft denn hier aus dem Fenster mit Wagenschmier ?'
‚Zwetschenmauß is't, Sei riuhsniutige Bahnhüpper !'
Un dei ganze Spaß het meck hunnert Dahler kostet un drei Dage Brummen, weil eck den Keerl for riuhsniutige Bahnhüpper iuteschimpet hebbe.
Sau, niu weißt et, worümme eck von der Eesenbahn dei Näse vull hebbe."

August Hinrichs

HEINI UN DE SCHOOLMESTER

De Schoolmester gnurr den ganzen Weg vör sick hen. Nä, so'n fulen un dummen Jung at dissen Heini geef dat blot eenmal up de Welt! Een vullwussen Keerl, bold seßtein Jahr, un seet noch in 'e Unnerklaß! Dumm un dickdräfsch, wuß nich van Tuten of Blasen, un wull kunfermeert weern! Man dat wull he Buur Stoffers seggen: wenn he den Jung noch eenmal de halve Wäk tohuus holl un nich na School schick, denn wurd dat nix mit de Kunfermatschon, dar kunn he up af.
Dat weer'n langen Weg na Stoffers sien Moorstäe, de Schoolmester wurd immer gnatteriger un em full immer mehr bi, wat he em seggen wull. So seet he bet babenhen vull, as he ankeem.
He dreep dat goot. Stoffers un Heini keemen just mit'n Spannwark up'n Hoff fahren un spannen ut.
„Herr Stoffers", seggt de Schoolmester so recht krott, „ick mööt is mit Ehnen snacken."
„Kumm 'n bäten rin", seggt Stoffers un slaart em vörbi in't Huus. Dar mutt he jo mit.
„Ick mööt mit Ehnen snacken", seggt he noch eenmal, so scharp, at he dat kann.
„Sett di dal", seggt Stoffers, „kannst foors mit fröhstücken."
„Dar kam ick nich um her!" seggt de Schoolmester, man denn sitt he uk al mit Stoffers an'n Disch. Heini gluupscht em scheef an un hollt sick leever bisiet, un de

Fro kriggt stillken de Pann up't Füür.
Nu leggt de Schoolmester jo los: „Ick kam wegen Ären Heini. De Jung schall kumfermeert weern, man de is noch so dumm. De hett jo rein gar nix lehrt!"
„So?" wunnert sick Stoffers, „denn liggt dat woll an di. Bi mi hett he al mackelk wat lehrt. He plöögt at de beste Knecht, melkt at'n Grootmaagd, un bi'n Meihn is he mi bold tein Träe vörut!"
„Eendoon", seggt de Schoolmester. „In'e School weet he uk nich'n Spierken. Kann jo nich mal de eenfachsten Tallen tohoop tellen!"
„Dat will ick doch is sehn", seggt Stoffers, „kumm is her, Heini!"
Heini tro't sick'n paar Träe nöger.
„Wi hebbt annerleß Farken krägen", seggt sien Vader, „de eene Mutt hett dartein, un de anner hett nägen smäten. Woväl hebbt wi denn woll?"
„Eenuntwintig!" seggt Heini.
„Richtig!" roppt Stoffers vergnöögt.
„Na! Hören Se mal", seggt de Schoolmester, „denn hebbt Se doch tweeuntwintig!"
„Wenn't na di gung, woll!" grient Stoffers.
„Man dat de ool Mutt verläten Nacht een dootdrückt hett, dat steiht in dien Räkenbook nich in. Aver Heini, de weet dat! Räken kann he ganz goot!"
Wat schull de Schoolmester seggen? Man he geef't noch nich to. „Un dat Bruchräken, dat geiht al gar nich in sienen Kopp. De eenfachsten Saken begrippt he nich. Fragen Se em mal: een halv un een viddel, woväl dat maakt!"

„Narrenkram", seggt Stoffers. „Guttst een halven Liter Melk in'n Pott un'n Viddel darto, denn süßt jo, woväl dat is."

„Melk, Melk!" roppt de Schoolmester vergrellt. „Kannst doch nich blot mit Melk räken, gifft doch uk anner Dingen!"

„Bi us nich", seggt Stoffers. „Koorn un Kantüffels räkent wi blot na vulle Schäppels."

Dar kann de Schoolmester nich mit. He wischt sick dat Sweet van'n Kopp un stähnt: „Wenn he denn tominsten noch schriewen kunn! Aver so'n Haken un Staken, at he maakt, de kann jo kin Minsch lesen!"

„Geiht jo anner Lü uk nix an, wat he schrifft. Wenn he't sulfs man weet, dat is dägt noog."

„He mutt aver doch is'n Breev schriewen könen!"

„Woto? Kann jo man dat Muul apen maken un seggen, wat he will!"

De Schoolmester sleit up'n Disch un sütt den Olen scharp an: „Stoffers", seggt he, „Ji hebbt man den eenen Söhn. De schall hier doch is Buur weern, denn mutt he doch uk de Böker föhren –, anschriewen, wat he verkofft hett un so –."

„Ja, dat muggst woll!" grient Stoffers, „dat de Keerl van'e Stüür dar rinkickt un em dat Geld weghaalt! Nä – anschrieven doot wi nix, rein gar nix! So dumm sind wi nich!"

„Herr du meines Lebens!" roppt de Schoolmester vergrellt, „wenn he denn al nich räken un nich schrieven kann, denn mutt he doch um Gottinnewelt lesen kön-

nen! Un dat kunn he uk noch nich mal!"
„To'n Zeitungslesen hebbt wi uk gar kin Tied."
„Zeitungen! Aver Böker! Oder hebbt Se de nich in'n Huus?"
„Twee sogar, Bibel un Gesangbook. Un de hoolt wi in Ehren — sind noch at nee."
„Lest Se dar denn nich in?"
„Och, wat in'e Bibel steiht, dat vertellt us de Pastor jo in'e Kark."
„Aver dat Gesangbook! Se möt't doch een Choral mitsingen könen!"
„Do ick uk. De eersten Reegen kenn ick ut'n Kopp, un de annern, de brummel ick denn so mit."
Dar seet de Schoolmester ja fast, so keem he nich wieter. He muß em al anners kamen. „Stoffers", seggt he, „Se hebbt hier jo'n ganz moje Stäe un sind bet sowiet uk woll tämlik torecht kamen. Man de Tied geiht fudder, dar kummt immer wat Nees up, uk för de Buurn. Dat steiht alls in de Fachböker, willt Se dar denn gar nix van wäten, van den ganzen technischen Fortschritt meen ick?"
„Un of ick dat will!" roppt Stoffers. „All de neen Maschinen un de neen Düngemittel un wat dat noch gifft. Un denn — wo dat Wär ward un wat de Eier upstunns kost' un de Kantüffeln un de Swienen un de Kalver — dat mutt man doch wäten!"
„Na", seggt de Schoolmester trofräen, „denn seht Se dat doch woll in, dat Heini tominnsten lesen lehren mutt, anners helpt em doch socke Böker nix!"

„Böker?“ seggt Stoffers, „wat brukt he dar Böker to? Wi dreiht blot use Radio an, dat seggt us van alls Bescheed, wat wi wäten willt un noch väl mehr. Lesen hett usereen gar nich nödig!“
Dat weer den Schoolmester denn doch toväl, he keem hoch. Dar streek em wat Heets över'n Kopp, dat he gau wedder dalduuk — de Fro stunn achter em un sett jüst 'n grode Pann vull Röhreier vor em up'n Disch. Denn hal se noch Brot un Botter un Kees un Wußt un Schinken un meen goothardig: „Nu ät man eerst wat, Schoolmester. Du hest doch woll noch nix Rejells in'e Mag krägen!“
Den Schoolmester steeg de Röök van dat lecker Röhrei, in Speck braen, bannig in de Näs. „Ne“, seggt he, „sowat kann't bi'n Schoolmester nich lien!“
„Jeden, wat em tokummt“, seggt Stoffers un ritt een paar dumendicke Schieven van den Schinken, jüst ut den Papensnitt, runner. „Wi mööt't uk ja arbeiten, un du sittst blot den ganzen Dag up'n Katheder!“
„Is di aver geern günnt“, seggt de Fro. „Man wat hest du blot gegen usen Heini? Dat is doch so'n goden Jung!“
„Goot mag he jo woll wäsen“, gifft de Schoolmester to, „wenn he blot nich so gräsig dumm weer!“
„Use Heini dumm?“ lacht de Fro. „Dat maakt he di blot wies. De is väl to klook för sien Oller. Schußt blot is sehn, wo de al achter de Deerns her is!“
„Na denn — “, seggt de Schoolmester, treckt de Pann her un grippt na dat dickste Stück Schinken, „denn ward dat doch woll Tied, dat wi em kumfermeert!“

Hans Henning Holm

DEPE INSICHTEN

„Vadder!" reep en jungen Hääk,
„Dor kummt Adeboor!
Un dat Water in de Bääk
Is so flach un kloor!"

„Dorför weet ick Kneep un Raat!"
Sä oll Häkenvadder;
„Snack ni lang, ans is't to laat,
Röög den Steert un pladder!"

Lummrig klöör de Mutt de Welln –
Adeboor, de kiek un meen:
„Fischen lohnt ni an son Stelln –
Vääl to deep! Keen Grund to sehn!"

Mit son Kneep kann een sick redden;
Bruukt een dorto Mutt un Steert?
All de Flachköpp – wüllt wi wedden? –
Hebbt dorop studeert!

Hest du't sülm noch ni beleevt,
Wenn bi Tungenkneep,
All de Lüüd, ahn Sicht un Seeft,
Süüfzt: „Wo deep! wo deep ...!"

Hans Henning Holm

DAT MUSENORAKEL

Mehrstiets sünd Vadder un Mudder dat, de de Berufsweichen no de Tokunft rin för ehr Kinner stellen doot. Wenn wölk Kinner noher marken doot, datt se in een falschen Zug sitt oder in een verkehrte Richtung föhrt, is dat foken al to loot, noch um- un uttostiegen. Dor is denn al toväl Tiet verspillt, de Lehrbranche oder dat Studienfach noch to wesseln.

Vun ganz wenige Öllerhüs ut obers gifft dat een direkt Anschlußgleis no de Lehrwarkstääd „Kunst" rin. De aller-, allermeisten Künstlers, de Musikers, Molers, Dichters, Sängers, Schauspälers, Dänzers un Akroboten sünd irst no een groten Umweg op ehr Lebensgleis komen, wo se denn ok op bleben sünd. Wat wor dat doch för een armselig Leben för uns all, wenn dat de doren Berufe, de ick eben optellt heff, nich geben dee!

Dat gifft je nu obers ok Lüd, de rääkt so een Künstlerberuf — as rejelle Arbeit — för nix. Düsse Lüd sünd je ok keen Räkenkünstlers för't Varieté, nä, dat sünd Räkenmeisters för't Kontor, de bi Adam Riese lehrt hebbt un nu op Compjuters ümstegen sünd. Een vun de Oart Minschen kenn ick ok.

Dat is nu al'n Reeg vun Johren her, do weur ick bi den Koopmann Boysen to Kinddeup inloodt. As wi dor nu so, mit de Glöös in'e Hand, rümstohn doot, seggt denn ok bald een vun de Gäst to den jungen, stolten Vadder: „Na, wat schall de Lütt denn mol warrn?" Boysen senior kiekt den Froger an, as wenn he seggen wull: Na, so dusselig kannst ok du bloß frogen! Obers he stammt je ut de Pöseldörper Haute Volaute mit de ehr vörnehme Oart, un so seggt he denn ok heel geruhig: „Wi hoolt op Traditschoon! Bi uns in de Familje hett dat man jümmers twee Slag Minschen geben: de Vernünftigen, un dor tellt wi echten Boysens uns to, de sünd alltohoop Kooplüd worrn, un de poar wenigen annern – de tellt bi uns nich mit, de hebbt wi nich op de Räken, denn de hebbt sick as Kummedimokers, Vigellinschrubbers, Drohtkommodenklimperers un Beukerschriebers dörch dat Leben hungert. De Slag sall mi dropen, wenn de Lütt dor mol no düsse düstere Afsieht vun't Leben hen utoarten deit! Obers dat ward wiss un warraftig nich passiern, so wohr, as ick Percy Boysen heten do!"

Do sä Konsul Pieper: „Bi uns tohus, in Bremen, mookt wi bi so een Gelegenheit vun een Kinddeup jümmers de Prov op de Tokunft, man dor bruuk ick een Book un een Geldstück to!"

„Dat kannst kriegen!" sä de junge Vadder, trock de Knipp ut de Büxentasch, lang Pieper een Fiefmarkstück hen un mook sick denn op'n Weg no de Bibliothek, üm sick ut de Bökerreegen een Book ruttoangeln. As he wedder trüchkomen weur, heel Konsul Pieper den lütten Krabauter dat Book un das Geldstück vör de Stupsnäs, un de strampelige Pusbackenengel greep denn ok glieks no – dat Book!

„Ein Musenkind", sä Konsul Pieper, un wi klatschen alltosomen luden Bifall; bloß Percy Boysen nich. So bedachtsom, as sick dat för een hanseotischen Koopmann heuern deit, sä he: „Afteuben."

De lütte Boysen vun do is nu al so wat an de Twintig rankomen. Jo, de Tiet, de löppt. As ick annerletzt mol mit Boysen senior bi een Glas Grog sitten do, do segg ick: „Wölk kriegt mit de Tiet griese Hoor, un wölk hebbt no'n Reeg vun Johrn bald gor keen mehr optowiesen, so as ick. Du obers hest dien griesen Hoor je nu bestimmt nich dien Söhn to verdanken, so een goden Koopmann, as de nu al is!"

Boysen senior kiekt mi verwunnert an un seggt: „Harrst du denn wat anners öberhaupt för meuglich hooln?!" — „Na ja", segg ick, „— wenn dat no dat dore Musenorakel gohn weur, denn ... " Wieder koom ick nich, denn Boysen senior swunkt mit de Hand dörch de Luft, as wenn he dor wat afsnien will, un seggt: „Ach wat, dumm Tüüg, wi Boysen goht doch bi keen Gelegenheit een Risiko in. De Jung weur doch ok nich mien Söhn wesen, wenn he domals no dat lusige Fiefmarkstück un nich no den Hunnertmarkschien grepen harr, den ick vörher, in de Bibliothek, noch gau in dat Book rinpraktiziern dee!"

Wi stätten mit de Groggläös aneenanner, sään „Prost!" un drunken op den ehrboren Koopmannsstand; ick obers dach: Ja, ja, ja — so ward in Hamborg de Minschheit üm ehr groten Dichters bedrogen ...

Krüschan Holschen

DE GESUNNE KARKENSLAAP

Us Opa hett mi mal vertellt, wat sien Opa inst in urole Tiet mit siene Mudder, also mit mien Ur-Ur-Urgroßmudder, belävt hett:
„Ick wöör mit us Muddern op den Weg na Karken", so harr also mienen Opa sien Opa to mienen Opa seggt, „ick güng mit Muddern na Karken un keek ehr verstahlen vön de Siet int Gesicht — ob se dat ditmal uk woll schaffen dä? Us Mudder harr nömlich so'n go'en, gesunnen Karkenslaap; man dissen Sünndag predig bi us de Wilster Pestor, to Uthölp, vönwegen datt us egen Pestor mit Ischias in'n Bett lingen dä, un disse Wilster Pestor de harr en gewaltig starke Stimm, as so'n Gerichtsposaun, un dönner darmit vön baben op de Minschen herünner, datt se sick all in Angsten in de Bänken dalduken dän. So müch woll de ool Jahwe inst op de Kinner Israel herünnerknetert hebben, wenn se övel daan harrn. De Wilster Pestor de hööl dat bannig mit dat ole Testament un smeet sotoseggen jeden Sünndag mit Stäkröben vön de Kanzel herünner, jüst as wenn dat köstliche Manna vön dat nee'e Testament noch gar nich vön'n Himmel fullen wöör, dat den Minschen wiest, datt de leeve ole Vadder Gott dar baben ja gar nich so'n Bullerballer is. Nee, also Kinners, bi den Wilster Pestorn sien Predigten dar kööm de rechte, go'e, gesunne Karkenslapp gar nich bi op!
Un darüm wöör ick nu so bannig neeschierig, ob us Mudder dar woll gegenanslapen künn gegen den sien

Gedönner, oder ob se dat woll ditmal nich ferig kreeg, bi de Predigt intonicken ... Us Mudder wöör ja nich so licht beet to kriegen, wat den Karkenslaap anlangen deit. Se dä de ganze Wäk ehr sware Dagwark, arig scheev un kumm harr se sick al arbeit't — un s'nachts kööm se uk nich recht to'n Slapen wegen dat väle Kinnergeblarrs — un wenn se denn an'n Sünndag in de Karken seet, ja, dennso kööm he sachte aver ehr un drück ehr de Ogendeckels hinaff, de grote, go'e, deepe, de gesunne Karkenslaap, den de barmhartige Hebensvader dejenigen vön siene Kinner tokamen lett, de gar to swaar an ehr dägliche Dagwark drägt ...

Aver dissen go'en Slaap in de Karken harr us egen Pestor, de Ottster Pestor, de nu mit Ischias in'n Bett lingen dä, dar harr de en wunnerbaret Woort aver seggt, en Woort, segg ick di, as en schieret Stück Gold. Wenn dat de wördige Justin oder Augustin oder en annern olen Karkenvadder vön'n Munnen trudeln laten harr, denn stünn dat nu mit güllne Schrift op all de Kalennerblöör. Us Pestor de harr nömlich seggt:

„In de Karken to slapen is nich so christlich, as in de Karken totohöörn — aver in de Karken to slapen is beter, as nich na Karken hintogahn! Denn de Slaap in de Karken is mehr weert as jede annere Slaap."

Un denn harr he uk verkleenklüüt't, worüm de Slaap in de Karken soväl beter dögt as de Slaap in'n Bett, achtern Hauklump oder op de Amtsstuben:

„De Minsch, de in de Karken slöppt", so sä us Pestor, „de nimmt darbi doch jümmer noch allerlei mit vön Gott

sien Woort; denn Gott sprickt ja nich bloß to usen Verstand; he dörweiht in de Karken den ganzen Ruum un sprickt to de slummern Seel mit Wöör, de faken deeper dörslaan doot as de Wöör, de he dör den Mund vön us Pestorn vön de Kanzel dröhnen deit. De Släper in de Karken rauht in dat Karkenschipp as Noah in sien swümmen Huus, wielt de willen Bülgen vön de Welt un den Alldag sick buten an ehre Müern bräken doot. De Släper in de Karken rauht in den Schoot vön de Nacht, ut de he kamen is – un in de he trüggahn deit: Mater Aeterna, de go'e Nacht, de blaue Nacht, de nich ganz düster is, an de ehrn Heben de Wiehnachtssteern fünkelt ..."
So sä us Pestor. Oh, us Pestor dat wöör en wiesen, fienkoppschen Keerl.
Dargegen de Wilster Pestor! As de nu dissen Sünndagmorgen de Kanzeltreppen hochtruffen dä, do bibber ick binnerlich as so'n littje bange Puuthehn vör en gewaltig Gewidder, dat wiet günt an'n Heben so na un na al jümmer luurder losbrummeln deit ...
Us Mudder wöör bi den eersten Choraal al so suutjepiano in Slaap versackt un nickkopp hin un woller so'n beten vör sick hin as so'n Bucklamm op de Vöörjahrsweide, dat sick to'n eersten Maal in'n Stöten öben deit – un uk, as nick se af un an fründlich to den Herrn Pestorn sien Wöör, as wull se seggen: ‚Gewiß – gewiß doch, Herr Pestor! – Dat hebbt Se mal woller fein seggt! – Man so füdder!' De Brill de wöör ehr ganz gefährlich wiet na vöörn hin op de Näsenspitzen rüüscht un künn dar jeden Ogenblink hinünnerklötern ...

De Herr Pestor de füng eerst tähmlich sachte an to süseln, un doch bever dar al en Vörahnen vön den anbrusen Störm in siene Stimm — — — un langsam wörr he luurder un gewaltiger — — — de Karken dröhn as en riesige Klocken, in de he de Klöppel wöör, un disse Klocken de lüe Störm, Füür, Füür — Gericht!
Ick duuk mi in mien Bank tohopen, as all de annern Lüe dat dän un as so'n littjen Schippsjung sick woll vör de swaren Bräkers achter de Bootswand dalduken mag — un plier us Muddern neeschierig vön de Sieten in't Gesicht. Us Mudder schööt vön Tiet to Tiet mit'n Kopp in de Hööchd, wenn de Herr Pestor mal gar to bullbasig losbölken dä, un stöhn ganz fien mit spitze Lippen:
„Oh!"
Man denn sack ehr de Kopp so butz woller dal. Un dit starke Nickkoppen dat lööt meist so, as wull se as so'n Schaap mit de Höörn na ehren Schäper tostöten un sick op so'ne Aart gegen den sien Gebruus un Geballers to Wehr setten. Dat wöör twüschen de beiden so'n Aart Duell!
Mit eenmal schööt ick in'n Dutt; denn achter us Muddern un mi dar wöör op'n Stutz en gräsigen Luut to höörn, en deepet, snarriget Gebruddels; as wenn so'n dicke Söög, an de jüst föfteihn Farken lutschen doot, as wenn de so recht behööglich un satt vör sick hinjüchen deit un sick wöltert in ehrn egen Meß! Ick dreih mien Gesicht verjaagt na achtern: Dar seet dree Bänken trüggoors de ool Jan Bultermann un snork — un snork! datt em de langen, haarigen Struvels, de em as Kertuffelkie-

men ut de Näs rutbummeln, man so spuddeln dän. O Kinners, ick segg jo: So segensvull so'n littjen Slummer in de Karken sick wiesen kann — dat Snorken in de Karken is reineweg vön'n Dübel! Dat bruddelt so gemeen un breet un fett in de fiene Sünndaagsfreide rin as den Dübel sien speckigste Buuklachen, liek ut de Höll!
Mit eenmal steeg mi en kolet Geföhl in de Böst tohööchd — un ick wöör mitsamts us Muddern an'n leevsten so butz in de Eer versackt. Denn ick wörr mit eenzen wies, wat de Herr Pestor ganz sönnerbar an to spräken füng: he swoog vön sienen Predigttext herünner — un snack mit eenmal vön de Släpers, de uk dör dat Dröhnen vön de leßte Posaun noch nich waak to kriegen sünd, de al düütlich wiet vön'n Heben her ehr Vörspell bruust. Un darbi glüüster he ganz grimmbulsterig un scharp na us Muddern heraver, as glööv he woll, datt den ooln Jan Bultermann sien utverschaamte Snorkgebruddels ut ehr littje Halslock kööm. Denn den ooln fuulbuukten Jan künn he nich sehn, de wöör ganz in sien Bank tohopensackt. Un de Herr Pestor de dönner jümmer luurder un vergrellter. Man us Mudder — de slööp ...! Un nu bölk de Herr Pestor so abasig, as em noch niemals en Minsch nich bölken höört harr:
„Du verloorne Kind, du dumpe Kreatur! O denk doch dar an, wo instännig inst us Herr den jungen Sünner vermahn, den eersten Karkensläper, de bi Sankt Paulus siene Predigt in Slaap versack. Un woans hett de Herr em straaft? He lööt em ut dat Fenster in de Deepde störrten! O seh du to, datt du nich noch deeper fallst! Waak op!

Ick roop di to: Waak op!"
Un darmit dönner de Herr Pestor mit beide Füüst op de Kanzel, dat dröhn as so'n Kanonenslag! Un denn wöör't dodenstill in de Karken ... Den ooln Jan Bultermann sien Snorken reet kortstremig af, he schööt ut sien Bank in de Hööchd un gnulps ganz gräsig op vör Schreck. En ganze Reeg Gesichter dreihn sick na us Muddern her.
Us Mudder schööt bi den Knall in de Hööchd — un knippjefiedel verslapen mit ehre Kieklöckers in de Runne herüm, as wüß se gar nich recht, wo se wöör — — — un stammer slööprig un verbiestert in dat Swiegen: „O Mann, Mann, Hünnerich, wat wöhlst du denn al woller! Lieg doch still!"
Un — bums — sack ehr de Kopp woller dal ...
En ole Jumfer, de dicht vör us Muddern sitten dä, dreih sick bi disse Wöör na ehr herüm, en afgünstig un lengenvull Fünkeln in de Ogen ...
As Mudder dissen nachtslapen Snack herutslaan harr un darna so butz woller indrüsselt wöör — do füll de Herr Pestor in sick tohopen as so'n Swiensblasen, wo mit eenen Pieks de Luft rutzirrsen deit. He klammer sick an de Kanzel wiß mit beide Füüst un stammer verbiestert noch eenige undüütliche Wöör — un de Predigt wöör ut. As de Karken to Ennen wöör, stolzier us Mudder oprecht un munter ut ehr Bank. Se dröög dar nix vön an, datt en ganze Reeg Minschen ehr anglupen dän; se wöör de eenzige, de niemals richtig dar achterklööm, datt se so abasig in de Karken slööp. Bi'n Slapen markt de Minsch uk ja bekanntlich nich so recht, wat de Tiet darvönsusen

deit. Se wöör sick woll klaar, datt se twüschendör mal'n Strämel innicken dä — aver in'n groten un ganzen, so glööv se, kreeg se in de Karken jümmer allens mit.
Buten vör de Karkendöör bleev se bestahn.
„Tööv mal, Junge, ick mütt mal eben mit den Herrn Pestorn snacken."
„Nee, nee, jaa nich, Mudder, nu kumm doch, kumm her!" röop ick luur un wull ehr hastig mit mi füdderrieten.
Aver do wöör't uk al to laat.
De Herr Pestor träer ut de Karkendöör — un schööt arig in'n Dutt, as he us Muddern to Gesicht kriegen dä. Us Mudder ehr Ogen strahlen leevlich op; se hüpp op em to as so'n Wüppvagel un greep mit beide Hann na siene Rechte un tirilier:
„O Herr Pestor, ick mütt Se doch mal Dank seggen! Wat hebbt Se us woller gäben! Och ja, dat leeve Himmelsbrot! Ick föhl mi jeden Sünndag na de Karken so frisch un quicklich un vull nee'e Kraft, as harr ick in en Quellen baart — jeden Sünndag, Herr Pestor!"
Den Herrn Pestorn stünn dat Mundwarks sönnerbastig apen. He keek so verdutzt, as sehg he 'n Spook. He japp en paarmal as so'n Smudd-Aal op'n Drögen, un sien Gesicht lööp gleunig an, un vör sien Steern dar quüll en Ader, vertwiegt as en sönnerbart Teken, en Bookstav, meist as en H: Hebensgewidder! oder: höllischet Füür! Aver do harr us Mudder uk al enen littjen nüüdlichen Knix vör den Herrn Pestorn hindreiht — un wüppsteert mit mi wieter ...

„Mudder“, stammer ick ganz verbaast, as wi so'n föftig Meter füdder wöörn, „Mudder, du hest doch gar nix hööört vön de Predigt — du slööpst doch!“
Do keek us Mudder mi streng in't Gesicht, streng un straafwies, as harr ick en gräsig dummerhaftig, ja, meist en unanstännig Woort vön miene Lippen laten, för dat jedeen Anter to schaar för is. Do heff ick nix mehr seggt. Us Mudder wöör en fromme, ehrwördige Fro, un dat kööm us Kinner nich to, jichens gegen us Muddern optobucken ...
Züh — dat hett us Opa sien Opa em inst vön siene Mudder, also vön mien Ur-Ur-Urgroßmudder vertellt; dat liggt al en lange, lange Tiet torügg ... Datt jaa keener glöövt, datt sowat vöndaag noch passeert!

Rudolf Kinau

PIEPENLOCK

„Dat verstoh ick jo ne, Willem, — büst an's noch son schiern Kirl, feine Klüer un allns, — ober wenn du den Mund open deist, — mit dien ool Lock doar vör, — worüm lettst du di doar keen Tähn wedder insetten? — Süht doch ne scheun ut so?"

„Ne", segt Willem Wulf, „scheun utseehn deit 't ne, dat weet ick woll, dat hebbt mi ook al mehr Lüd segt. Ober ick hebb dat ool Lock doar nu al'n goode föftig Joahr sitten, — nu lot't man so. Kummt mi jo ook up een Oart wedder good topaß: Kann'k de Piep so fein mit hooln. De klemmt sick doar jüst so eben twüschen.

Müß doar nu ne jümmer hinkieken! — Dat hebb ick freuher ook al jümmer segt, as ick de Tähn doar noch harr. „Kiekt mi doch in de Oogen!" hebb ick so mannigmol segt.

Ober doar hör jo keeneen no hin. All keeken se no mien'n grooten Hauer. Un jümmer wedder an 't Snacken un an 't Frogen: „Jung, wat hest du doar för'n allmächtige Tähn? De is jo 'n ganz Stück länger as de annern. — Kannst doar denn goarnix geegen doon? — De waßt di jo ganz in de anner Lipp rin. — Jä, Junge, dat is nix ton lachen, du — in Oolland is ook mol 'n Deern wesen, de hett dat jüst so hatt: De Tähn is jümmer grötter worden un is ehr so öbern Mund weg gohn, — de Deern is toletz verhungert, regelrecht verhungert." — „Müß 'r mol fix up bieten", sä de een, „villicht dat se denn noch

’n Stück wieder ringeiht in ’t Gobels. Süht jo meist ut, as wenn se doar ne recht mit twüschen kunnt hett.“
Ick much ’t toletz al goarne mehr hörn, much mi kum noch seehn loten. Jeeden Morgen keek ick in ’t Spiegel, un — wür jo villicht blooß Inbildung, ober ick weet ne, dat Beest käm mi würklich jümmer grötter vör, stünd al son halbe Miel öber de annern weg.
Do wörd ick ’r toletz doch bang bi. Do nähm ick mol ’n groot Stück Holt verdwars in ’n Mund un beet ’r de Tähn so fast rin, dat mi de Tronen öber de Backen leepen — hölp nix. De groot Hauer bleef so as he wür. He ripp un reug sick ne.
Ick versöcht ’t noch mol mit ’n Steen, mit son lütten runden Filsen, — de fleug mi verdwars in ’t Mul, un ick beet mi up de Tungen. Kunn den ganzen Dag ne eulich snacken.
Annern Morgen nähm ick mol ’n groot Stück Isen, — un beet mi rein de Hängen toschanden. Dat gnoster mi bit achter de Ohrn. —
„Bieten nützt nix“, segt Joochen Mees. — Mien lütten Mackers stünden jümmer beid bi mi rüm un wulln mi hilpen. — „Dat Bieten nützt nix. Schulln wi ehr ne rinkloppen können? Mit son Homer, doar sitt jo vel mehr Kraft achter. Lot uns dat doch mol verseuken.“
Un Joochen Mees löppt no Hus un holt ’n Homer. Sien Vadder wür Timmermann, harr jo allns bi de Hand. Un denn besnackt wi uns dat noch all, un denn geiht ’t jo loos. Ick mütt mi erstmol platt an Deck in ’t Gras leggen. Hein Fink sett sick up mien ’n Buk un hullt mi de Arms.

Un Joochen Mees sett sick achter mien Schullern. Un hullt mi mit de een Hand de Oogen dicht, in de anner Hand hett he den Homer: „Hest doch keen Angst?"
„Ne", segg ick. „Angst hebb ick ne. Hau man mol sinnig up, ober ne gliek so dull." Un ick mok dat Mul jo sparr-wiet open un krall de Finger in 't Gras.
He kloppt erst 'n poarmol so ganz sudje, man eben to feuhln. „Dat nützt noch nix", segg ick, „'n beeten duller kannst noch gern."
„Na jä", segt he, „wenn du dat meenst, wenn du dat uthooln kannst", — un sett sick noch mol eulich pall, un — „Stopp mol eben!" will ick noch seggen, — do haut he ook al to, un haut mi mit den grotten Homer up de Lipp, dat ick dink, ick biet mi sülben de Näs af. Ick: mit een'n Ruck de Arms loos, un de Been free, un knall Joochen Mees een'n in de Klüsen, dat he dreemol koppheister flügt. Un denn ick jo as son dull Deert hindol no de Elf, un gliek de ganze Snut to Woter.
Dree Dog kunn ick ne lachen un ne fleiten. Dree Dog leep ick mit so 'n Flapp rüm, — kunnst bang vör warden. Denn so bilütten wörd de Lipp wedder dünner. — Ober de groot Tähn seet noch jüst so as vörher.
Un de Lüd würn ook noch jümmer an 't Tühnen: „Mi düch meist, se is noch wedder 'n Stück wieder rut kommen. — Doar hest du noch wat mit, — schaß man seehn!"
Mit Joochen Mees harr 'k mi vertürnt. Ne üm den ooln dwatschen Slag, — ne, he harr dat noheer allerwegens vertellt, doarüm. Ick wür nu jümmer blooß noch bi Hein Fink.

Wi heuln uns ganz alleen. Wi würn ook beid liek oolt, güngen beid dat drütte Joahr no School.
Un een'n Dag seeten wi ook wedder bi jem up'n Böhn to klütern. Hein harr Geburtstag hatt un harr mol ganz wat Nees kregen, son Dings harr an 's noch keeneen. Wür son Griff mit 'n grooten isern Bögel un mit son ganz dünne Sog in. „Laubsäge" sä Hein Fink doarto, un he kunn doar al fix mit rümhantieren, — allns wat he fotkriegen dä, dat sog he kott un kleen.
Un — mag de Dübl weten, wu he doar up kommen is, — mitmol steiht Hein vör mi: „Ah, — nu weet ick noch wat! Dien groot Tähn! De sog ick di af. Komm man her, dat is 'n Oogenblick Sok. Un weehdoon kann 't jo ne, is jo blooß 'n Knoken."
Wi snackt noch hin un her. Un schöbelt de Dör to, dat uns keeneen beluern kann. Un denn goht wi'r jo up dol. „Ober ne tovel wegsnieden!" segg ick noch. „Ah wat, joone!" segt Hein. „Blooß dat lütt Stück, wat öber de annern wegsteiht."
Ick sett mi up 'n Schemel un legg den Kopp oberstüer up 'n Disch. Un Hein fangt an to sogen.
„Deit 't weeh?"
„Ne wat!" segg ick. „Dat rummelt blooß 'n beeten. Wu wied büst al?"
„Bün glieck up 't halbe", segt Hein. „Hool man still!" Un fangt wedder an to fiedeln, — dat keddelt mi bit in 'n grooten Teuhn. Ober mit mol ritt mi dat dör 'n Kopp, — so ganz no boben rup, as wenn mi een mit 'n Mest dör de Backen stickt. Ick fleeg hooch un hau em sien ool

„Laubsäge“ ut den Hand, un sus denn jo man jümmer so van een Eck in de anner, — son Weehdog!
Un Hein Fink steiht doar ganz bedibbert rüm un segt: „Is doch man blooß — kann ’k mi goarne dinken.“
Jä, dinken kunn ick mi dat ook ne, ober ick kunn ’t feuhln. Acht Dog hebb ick de Engels in ’n Himmel singen hört. Den negten Dag güng mien Mudder mit mi no ’n Putzbütel. Un de hol sick ’n groote Tang’ un breuk mi dat Aas rut. — Weg wür’t!
Un nu hebb ick doar dat ool Look. Un all de Lüd kiekt mi an: „Wo kummst doar bi?“ —
Kannst jo verrückt bi warden! Wenn mi nu noch wedder een fragt, denn segg ick: „Extro moken loten. Blooß för mien Piep!“

Karl-Heinz Kreienbaum

HAVEREE

Wi legen mal wedder in een anner Marina. Harrn fast un goot slapen un freuten uns op den neen Dag. An'n blauen Heven schient de Sünn un dat is moi warm. Wat hebbt wi blots verbraken, dat uns dat so goot geiht. — So na un na ward't lebennig in'n Haav. „Lienen los", heet dat, Seils ward sett un los geiht dat na See hen. Wi blievt noch, mien Fro un ick, un'n paar anner Scheep ok. Uns gefallt dat hier op de Insel Femö in Smalands Fahrwater. Un unsen Bootsmann Zottel, den Dackel, gefallt dat ok. Stünnenlang kann 'n dörch de Feller lopen un sick de Been verpedden. Man vondaag nich! Is to warm to'n Lopen; wi gaht swömmen. Gliek nebenan fangt de kilometerlange Sandstrand an. Kannst di geruhig den besten Platz utsöken. Dat doot wi denn ok!

So gegen Meddag kaamt de eersten neen Scheep anseilt un maakt an'n Steg fast. Nu gifft dat wedder allerhand to kieken. Grote un lütte Bööd von öberall her. Duert nich lang, un de Haven is wedder full. An Land staht denn all de „Kapteins", de ehr Boot al versorgt hebbt, un paßt nipp op, wat de annern bi't Manöverfahrn ok allens richtig maakt. Markst foorts, wat'n olen „Fahrensmann" is, un de 'n gode Crew an Bord hett. Dat klappt denn allens op best. Man wahr di weg, wenn welk ankaamt un de sünd unseker. Oha, denn gifft dat Ratslääg von Land ut, dar is dat Enn von weg! Du mußt weten, de Kapteins an Land weet allens beter un köönt allens beter as de, de graad ankaamt. To'n Scheeflachen! Mit'nmal höört wi lude Kommandos. Dar will woll een wiesen, wat för'n zackigen Kommandant he is. „Halbe Kraft voraus", bölk he, un „klar bei Achterleine!" Jungedi, de kann dat aber. „Pass op", meent dar een neben mi, „gliek gifft dat Haveree. Den Druuskopp kenn ick, de maakt dat in jeden Haven so!" Dar fraagt al een von sien Crew: „Herr Kapitän, was soll ich mit dieser ‚Kordel' machen?" „Dat is de Achterlien — öber'n Pahl darmit", bölk de Kaptein. So'n Tweernbüdel! He lett sick wahrhaftig mit Kaptein tituleern. Na, sien Macker smitt de Lien öber'n Achterpahl, as em seggt worrn is. Een Fro bi em an Bord hett'n Fender in de Hand un fraagt: „Und wo kommt dieser ‚Zwischenhängebeutel' hin?" — Hefft de Lüüd an Land al bi de „Kordel" lacht, so schreet se nu vör Vergnögen. De een kunn nich mehr an sick hollen un leet sick mit vulle Plünnen in't Water fallen. Nee aber ok, so'n Spaaß! De Kaptein fraagt nu: „Alles klar?" Dar säuselt de Fro mit den Zwischenhängebeutel: „Alles klar!" — Rrrumms! Dar knallt dat Boot mit'n Boog gegen de Kaimuer! — De Mann harr de Achterlien twars öber den Pahl smeten, hett aber vergeten, de Lien ok an Bord fasttomaken. Von den Ruck, den dat geev, flöög ok noch de Fro mit den Fender över Bord. De ganze Haven hett noch bit laat in de Nacht wiehert vör Lachen! — Tjä, de den Schaden hett ..., nich?

Fritz Lau

WENN DE MINSCH ALLEEN IS

'n Schipp stüern un
Fleederbeernsupp kaken,
dat is tweerlei.

As Korl Bielenbarg un sien Rosa-Elisabeth vör't Altar stahn harrn, do harr de Paster to ehr seggt: „Es ist nicht gut, daß der Mensch allein sei; ich will ihm eine Gehilfin machen, die um ihn sei!" Un do harr Rosa em stief in de Ogen keken un harr dacht: „Dar kannst du Giff up nehmen; ick gah ni von'n Placken!"

Un dat Leben keem un stell Rosa an de Windsiet. Sodra Korl an Bord weer, denn weer he nüchtern as'n Kalw, keem he awers an Land, denn kreeg de Düwel em in 't Gnick tofaten un sä: „Geihst mit lank, Korl, ick gev eenen ut!" Un wenn Korl denn nösen mit'n hushogen Brand lank de Diekreeg krüz, denn keem sien Rosa em al in'e Möt un nehm em lank Siet. Un all de krummen Pullwicheln, de öwer de Grabenkannt bummeln, de harr Korl rammt, sän de Lüd, de müssen egentli mit Korl vör't Seeamt.

Un wenn se schimp, Rosa, denn sä Korl: „Du kannst mi dat blots ni günn!" Un wenn se ween, Rosa, denn sung Korl: „Drum Mädchen weine nicht, sei nicht so traurig!" Nix mit em uptostelln. Dat konn so ni wieder gahn.

Korl weer mit sienen Ewer na de Süderelw un hal Törf. Rosa seet in ehr lütt Kaat achern Diek un gruwel. Wenn se nu erst wat Lütts harr, wo schull dat denn warrn, denn

konn se ni mehr so up em passen; denn keem he ganz up'n Hund. Se nehm 'n Stremel Papier un 'n Blisticken un fung an to reken. Twölf Weken harr se noch na, denn har se 'n Klotz an 't Been. In de twölf Weken müßt dar wat passeern. Un dar passeer wat.
De Maan keem öwern Diek krupen un sä to Rosa: „Ick schall di gröten von Korl, he sitt bi Jan Kneels in 't Moor achtern Grog un singt: „Wisch dir die Träne ab mit Sandpapier!"
Rosa wanner mit ehr Gedanken na 'n Karkhoff: harr ehr Moder man noch levt; un se dach wedder an ehrn Hochtiedsdag. „Es ist nicht gut, daß der Mensch allein sei!" harr de Paster seggt. Nä, dat weer dat ok ni, awers 'n Mann, de ümmer duhn weer, dat weer ok ni goot. Dat harr he man achterup seggen schullt.
As Metta Holst ehrn Jonni nahmen harr, do harr de Paster seggt: „Wo du hingehest, da will auch ich hingehen!" un Metta weer mit ehrn Jonni an Bord gahn.
Nu wußt se, wat se wull, se wull ok mit an Bord. Un se gung mit an Bord.
Tein Reisen harrn se al achter sick. Korl dach: „Lat ehr man, wenn dar erst son lütten Seehund in de Koje liggt, geit se von sülben an Land."
Un dochen: „Korl weer asig in de Kniep: gung he an Land, Rosa gung mit em. Bestell Korl sick 'n Grog, Rosa bestell sick ok eenen. Fung Korl an to tühn, denn stunn Rosa up un sä: „Komm man, wi wüllt an Bord!" un Korl gung mit ehr.

Do keem de Winter mit Snee un Küll un'n Südost, de sick fastbeten harr. Un he keem fröher, as se sick vermoden weern. Dree Weken vör Wihnachen weer de Elw al stiev voll Drivis un blots de Dampers wrangeln sick dar noch hendörch. Korl sien Rosa seet in de Kaat un neih Kinnerdöker un strich Wickelbänner. Un Korl sien Ewer leeg in 'n groten Priel: Deck un Luken un Ankerspill voll Snee un Aaskram. Aff un an keem Korl mal an Bord un denn weer de Düwel ok glieks an Deck: „Nu komm man, se süht dat ni!" Un wenn he denn mit Korl öwern Diek keem, denn klopp Rosa an't Finster un röp: „Ick gah mit, Korl, töv 'n Ogenblick!" Korl weer al rein bang vör Rosa, ümmer seil se em in 't Keelwater. He konn sick bald ni mehr besinn, woneer he mal alleen achtern Grog seten harr.
Un do keem dar een Dag achter de Geestbargen rutkrupen, de reet de beiden voneen; up acht Daag blots, awers de acht Daag weern ok darna.
Rosa ehr Swester weer krank, heel krank. Rosa müßt acht Daag na 't Olanner-Moor, un ehr weer dat jüß, as schull se na Amerika un leet ehrn Korl nu in „Sünde und Schuld" un sonst noch allerhand Laster alleen achtern Diek. Dar weer nu nüms, de up em paß, un wenn he erst eenen Grog weg harr, denn kemen de annern von sülben. Dar kemen nu so veel Sorgen na Rosa ehr lütt Stuv rin, se konn ehr garni all beharbargen. Se müßt nu acht Daag weg von de Windsiet, un wenn Korl denn ok noch von Bord leep, wat denn?
Korl leeg al achter de bunten Gardinen un sleep; Rosa seet noch lat achter 'n Talgstummel, un ehr Gedanken

plögen in de acht Daag herümmer, as 'n Ewer, de gegen Wind un Strom an mut. Do nehm se ehrn Blisticken wedder von't Eckbort, kreeg sick 'n Bagen Papier ut de Schuv un fung an to schrieben:

Mein lieber Karl!

Ich gehe nun acht Tage von Dir. Du bist acht Tage Herr vom Kram. Ich lasse Dich in großer Bedrücknis zurück. In diesen Tagen steht vieles auf dem Spiel: Du und ich ... unser ganzes Leben. Zeige mal, daß Du ein Kerl bist. Es sind nur acht Tage, Karl, diese acht Tage wollen viel von Dir:

1. Morgens um sieben die Ziege melken und füttern.
2. Katze kleine Schüssel voll Milch geben mit etwas Wasser zwischen.
3. Hühner raus lassen und Futter geben. Die graue Henne legt weg; mal'n bischen hinterher sein und sehen, wohin sie legt.
4. Schwein füttern. Vier Handvoll Schrot, Topf voll Buttermilch, etwas Wasser. Nach Gutdünken Stampfkartoffeln. Warm anrühren.
5. Wenn Du noch kein Kaffee getrunken hast, dann erst Kaffee trinken. Butter nicht zu dick aufschmieren, sonst kommst Du nicht aus.
6. Mal wieder nach Ziege sehen und etwas Heu vorgeben.
7. Eier aus dem Hühnerstall holen und auf Eier schreiben, wer sie gelegt hat.
8. Halbe Stunde an die Luft gehen.

9. Meine Blumen begießen; die Myrte nur bischen.
10. Jeden Morgen ausfegen und mal mit Staub wischen, daß Du nicht verkommst.
11. Oben im Koffer liegen reines Hemd und Strümpfe. Taschentücher, Schlips und Kragen liegen oben auf. Nur anziehen, wenn sollte jemand sterben und Du mußt mit.
12. Beilage vom Wochenblatt aufbewahren mit Geschichte: „Du bist mein!" Auch immer nachsehen, was Ferkel kosten.
13. Und wenn Du kannst, lieber Karl, soviel wie möglich zu Hause bleiben: Du hast ja Deinen Vogel.
14. Essen kochen wie an Bord, nur Sonnabend Fliederbeernsuppe mit Klößen. Bischen Kartoffelmehl anrühren.
15. Wenn Greten Siemen stirbt, 'n Kranz hinschicken zu 14 Groschen, teurer nicht.
16. Wenn welche kommen und wollen Eier hamstern, sagen, wir haben keine, auch wenn wir welche haben.
17. Jeden Morgen Dein Bett aufmachen, nicht so wieder hineinkriechen wie an Bord. Abends noch mal nachsehen, ob alle Türen und Fenster zu sind. Auch Hühnerluke zu machen und Hühner noch mal zählen. Elf, mit 'n Hahn zwölf.
18. Wenn Du was vom Schinken abschneidest, immer schier weg, nicht aushöhlen, auch beim Käse nicht.
19. Kaffee zweimal durchbeuteln.

Rosa harr noch mehr up 'n Harten, awers bi 'n Kaffibütel brök ehr Blisticken aff.
Dat weer ok erst mal noog, wenn he dar mit tregg weer, weer von 'n Dag ni veel mehr na.
Se lä den Zettel na Korl sienen Tabakskasten rin; wenn he sick morgenfröh de Piep stopp, mußt he em finn.
As se in 't Bett leeg, harrn ehr Gedanken den Blisticken al wedder spitz makt un weern al wedder bi to schrieben. Dat weer al na Merrnnacht, as se indrusel.
Den annern Morgen, dat weer noch düster, sett Korl ehr öwer de Au. Bi de Dammbrüg gungen se voneen, ohn veel Smuuskram.
As Korl wedder an de Kaat keem un de Huusdör achter sick to mak, do weer em to Moot, as weer he bet herto Lichtmatros wähn un stunn nu mit 'n mal as Koptein mit'n Patent „für große Fahrt" baben up de Brügg.
As he sick de Piep stoppen woll, funn he den Zettel in sienen Tabakskasten, un dat gung nu ümmer ümschichtig bi em: he lees un grien un grien un lees. As he dar mit tregg weer, sä he ganz luut, as wenn sien Rosa vör em stunn: „Wenn ick dar up dal will, mien Deern, denn mut ick Klock veer an Deck un Klock twölf to Koje".
Un he dacht an sien Examen för „Schiffer auf kleiner Fahrt"; dat harr em 'n Barg Kopprack makt, awers gegen düssen Zettel weer dat Speelkram wähn. Se harr dat ok all een mank 'n annern dörch kregen, harr dar keen Reeg mank holn. Fleederbeernsupp un Greten Siemen ehrn Kranz kreeg se in enen Putt.

Korl smeet sick in de Boß. Wenn Korl sick in de Boß smeet, denn harr em 'n groten Gedanken bi de Haar to faten. Korl woll mal up den Zettel dal. He woll sien Rosa mal wiesen, dat he 'n Kerl weer.
Aff un to klopp de Düwel noch mal bi em an 't Finster: „Komm rut, Korl, in'n Kroog dampt de Grogketel un Rosa sitt in't Moor, de süht dat ni."
Korl fleut em awers wat. He harr keen Tied, harr sienen Zettel noch ni rünner arbeit, weer erst bi Nummer söbentein: „Jeden Morgen Dein Bett aufmachen!" un darbi weer dat al glieks wedder Abend.
De Daag flögen dar man so henlank, un de Sünnabend keem un lach mit Sünnschien un kruse Wolken na Korl sien Wandbett rin. Korl harr de Tied verslapen. As he de Ogen los kreeg, höer he al de Zieg un dat Swien un de Höhner.
Un ut 'n Tabakskasten höer he den Zettel ropen: „Nur Sonnabend Fliederbeernsuppe mit Klößen. Bischen Kartoffelmehl anrühren." Fleederbeernsupp harr he noch siendaag ni kakt, gevt an Bord ni, awers he keem dar ja sach mit tregg.
So bi Klock ölben rüm kreeg he sienen Grapen to Füer. He harr lever Arfen in 'n Putt kregen, awers he harr keen Fleesch mehr. Korl weer vonmorgen goot bi Luun. Bi 't Klütenbacken fung he erst an to fleuten un denn sung he:

„Back ick Klüten, segg he, wie bekannt, segg he,
Spee ick erst, segg he, in de Hand, segg he."

As he de Klüten öwer Bord sett harr, kreeg he Rosa ehrn Zettel noch mal wedder her: „Bischen Kartoffelmehl anrühren!“ So weer em de Supp ok noch to nicksaffdig. Dat duer'n ganzen Stoot, bet he mank all de Plumm- un Krinten- un Grütt- un Mehltüten rutfunn, wat he söch. As he wedder na 'n Füerheerd ran keem, wöhlen de Klüten al in 'n hogen Seegang. Veel Kantüffelmehl schull dar ni rin, 'n bischen, stunn up 'n Zettel. Korl woll dar jüß'n „bischen“ mit sienen breeden Duumen rutraken, do kreeg de Tüt dat Öwergewicht, un all wat se in 'n Liev harr, dat suus na den Grapen herinner.

Harrst du in düssen Ogenblick achter't Finster stahn un harrst dienen Korl dar herumspringen sehn, Rosa, du harrst di weg lacht. Korl sprung in de Kök herum, as weer he up See un de Grotmast weer öwer Bord gahn. Un in 'n Grapen geev dat'n Storm un'n Seegang, as wenn buten bi Cuxhaben de Stormkugel up „Windstärke 10“ bummel. Kantüffelmehl, Fleederbeernsupp un Klüten gungn dull to Knast. Mennigmal seh dat ut, as weer dar 'n Miin hoch gahn un harr 'n Wallfisch voneen reten. All Bloot un Schuum un Seegang. Korl raak 'n paar Törfsooden ünner 'n Grapen rut, un do wör dat Unwedder dar binn in 'n Grapen wat sinniger. Un denn hal he sick 'n langen Sleef ut de Spieskamer un fung an to peilen. Un wenn he mal'n Ogenblick uphöl von 't Rögen, denn wrangeln sick dar Blasen na baben, as wenn dar'n Düker an de Grund togang weer.

Twölf Klüten harr he man insett, nu weern dar al'n Stücker wat twindig an 't Wöhlen. Toletz weern dar garkeen mehr, he harr se all twei rögt, blots von de wietsnutigen Kantüffelmehlklüten keem dar aff un an noch mal een an Deck. Korl göt dar noch mal 'n Schuß Water na 'n Putt rin, awers veel konn 't ok ni lieden: de Grapen weer bet an de Reling voll. Dat nütz ok nicks, de Fleederbeernsupp war ümmer dicker, ümmer stampiger. Do nehm he den Grapen von 'n Dreefoot rünner un sett em up de Steenfliesen. „Köhl di man erst mal'n beten af!" sä he un gung na Stuv. Wat weer dat 'n Tostand, wat keem he sick muchelig vör.

Rosa ehrn Zettel leeg up 'n Disch un sä: „In diesen Tagen steht viel auf dem Spiel: Du und ich ... unser ganzes Leben!" un Korl dach: ‚Du harrst dar man achter schrieben schullt: un de Fleederbeernsupp!' Awers in düsse Stunn föhl he, wat sien Rosa em wert weer. Korl smeet sick wedder in de Boß: he woll 'n annern Kerl warrn, wull dat Supen upgeben. Blots enen lütten Grog to 'n Affgewöhnen, de schull dar vonabend noch an glöben, un denn: ‚Gon-Nacht Lise!'

As Korl wedder na Koek rin keem, weer de Fleederbeernsupp al so dick, dar konn 'n Snieder up danzen. Twee von de Klüten weern noch heel bleben, harrn noch mal Luft snappen wullt, un denn weer ehr de Pust utgan. Nu dreben se dar merrn in 't Fahrwater, as son paar dode Seehundn. Un Korl de dach: wenn ick nu ni wüßt, dat dat Fleederbeernsupp weer, denn konn ick meist glöben, dat weer Rote-Grütt. He hal sick 'n Putt voll Melk ut de Kamer, nehm sienen Grapen mit na Stuv rin un sett sick achtern Disch. He weer man erst eben anfungen to eten, do keem de Paster lank 'n Garnstieg rup. Ok dat noch!

Rosa ehrn Zettel sä: „... sagen, wir haben keine, auch wenn wir welche haben!"
As de Paster na Stuv rin keem, sä he to Korl: „Es riecht lecker bei Ihnen, Herr Bielenberg, was gibts denn?"
Korl de grien, stell sick blang bi den Paster hen un keek ok na den Grapen rin, un denn sä he: „Ja, Herr Paster, dat weet ick egentli sülbn ni. Mien Verstand de seggt: dat is Fleederbeernsupp, mien Tung de seggt, dat is Rote-Grütt, un wer dat ni weet, de konn glöben, dat weer Swarrtsuer."
Do sä de Paster wedder: „Riecht aber lecker!"
Un Korl de mark wat, hal em 'n Teller un 'n Lepel un füll em wat up. Un de Paster eet un nückkopp un nückkopp un eet. As he den tweeten Teller ut harr, frög he, wat he dat Rezept ni mal mitkriegen konn; de Rote-Grütt smeck ganz anners as sien Fru ehr.
„So etwas angenehmes im Geschmack", sä he, „und bei alledem so sättigend."
Korl dach an de twölf Klüten, un an dat Pund Kantüffelmehl un sä, jaaa, he harr dar ok recht 'n beten andan. Dat Rezept, sä he, dat konn he em ok ni seggen, dat weer recht bunt. De Kram keem to Füer as Fleederbeernsupp mit Klüten, harr ünnerwegens Haweree, un wenn de Wind afflau, denn weer dat Rote-Grütt. Do nehm de Paster sien Brill aff, putz de Gläs blank, keek Korl an un dach: ‚ein wunderlicher Mensch!' Denn snack he noch'n lütten Stoot un gung wieder.
's abends seet Korl achtern Disch un drunk sienen letzten Grog. De Maan keek wedder öwern Diek un grien: „Mi schall mal verlangen, Korl, wat du Wort hölst."

As Rosa wedder an de Kaat keem, do vertell Korl ehr erstan nicks, as se awers den drütten Dag dat ganze Huus op 'n Kopp stell na ehr Tuut mit Kantüffelmehl, do vertell Korl ehr von sien Schietreis. Un he kreeg Rosa bi de Hand tofaten un sä: „Ick heff in düsse acht Daag leert, dat 'n goden Koptein to Huus ebensoveel wert is, as eenen up See. Ick heff ok leert, dat de Arbeit uns mennig Unrast von 'n Liev hölt. Blots Fleederbeernsupp kaken, dat heff ick ni leert. Un dochen wull de Paster dat Rezept hebbn. Wo kann 't angan.

Do kreeg Rosa ehrn Korl üm 'n Hals tofaten un sä: „Awers den Paster sien Rezept, Korl, dat wüllt wi uns marken:

„Dat is nicks wert, wenn de Minsch alleen is!"

Gerd Lüpke

DE STEINSAMMLUNG

Ick heff mi as Jung all mit de Forschung afgäben. Jawoll, mit de „Klamottologie“, as mien Grotvadder säd. Wenn ick in Züllchow, dicht bi Stettin, bi mien Grotöllern wier, denn sammelte ick dor Stein. Grote un lütte, runde un kantige — wenn se man bunt wieren. Poor dorvon harr ick ümmer in de Büxtentaschen, wenn ick von't Spälen na Hus keem. Tausamen mit Grotvadder sortierte ick se denn, up den lütten Hoff achter't Hus. De oll Herr trök de Jack ut, so dat sien breide, hellrosa Büxendrägers tau seihn wieren, de he öwer de griesbrun Strickjack drög. Denn packte ick de Stein, wecke ick sammelt harr, up den halw upklöwten Hauklotz, un dorna güngen wi bi de „wissenschaftliche Ein- und Zuordnung“. Heil iernsthaftig diskurierten wi, wo de enkelten Stücken woll henhüren deeden. Grotvadding kreeg sien utfranst Realienbauk her, un denn kreegen de Stein ehr Namens. Wenn wi in dat Bauk nix finnen künnen, müßt uns Fantasie ran. Twei sünnerlich schöne Namens weit ick noch: „Torney-Granit“ un „Bredower Schwerspat“.
Mal güng Grotvadder na dat Sortieren in't Hus, makte sien Kommod up un kreeg de Snuwtobaksbüssen rut, de he alltausamen upbewohren deed. He bröcht de bunten Schachteln na buten, un dat wier'n ganze Masse. Sien Leiw tau 'ne „Pris“ wier jüst so grot as de Leiw tau'n lütten, ieskollen Kurnbramwien. Bi de Bleckdosen bugte de Oll 'n Pott up, wo „Waderglas“ in wier. Dor backte he

alls mit tausamen, wat tausamen süll. Denn kreeg he'n lütten Pinsel, 'n heil korten Kopierstift, Poppier un'n Schier ut de Tasch. Sinnig lickte he an de blage Spitz von den Kopierstift un schreew mit sien lütte Baukstaben, de utseegen, as wenn se druckt wieren, all uns niege Steinnamens up lütte Poppierzettels. De backte he up de Bleckdosen, un in de Dos keem de Stein rin. In'n Zägenstall makten wi denn ein von de Wandbräder leddig, stellten de Schachteln all näbeneinanner — un Grotvadder säd, dat wier nu'n „Vitrine". Heff ick nie nich vergäten, dat dulle Wurt.

Mien Oma kreeg twors dat Schimpen, as se uns Museum seeg, indäm se väl praktischer wier as mien Grotvadder un up de Bräder eigens de Melkpött stahn süllen. Öwer all mien Frünnen, un ok de von Opa, bewunnerten de Steinsammlung — un mi sülben ok — un Grotmudder wier stolt up alls, wat tau de Familje hüren deed. So geew se sick, un de Stein bleeben in den Zägenstall!

Poor Daag later öwer greep dat in, wo ein „höhere Gewalt" tau seggt. Ick müßt mien Sammlung för 'ne grote Saak hergäben. Se würd Munitschon in'n groten Krieg, de von einen Dag up den annern mit de verflixten Bengels ut de Schosseestraat utbrök! Wi harren dat man mien Steinsammlung tau verdanken, dat wi de Lümmels trüchdrieben künnen — de halbe Schloßstraat dal, wat orrnlich 'n Enn wier — man denn keem de Schandarm! Un de wier noch'n ganz Enn leeger as de Düwelsjungs ut de Schosseestraat. So reet ick leiwer ut un güng in Deckung, in'n Zägenstall. Grotvadder öwer wüßt Rat, as de Wachmeister mit knallroden Kopp up den Hoff tau scheesen keem. Mien Oll trök sien Jack wedder an, strakte iersteins öwer sienen Kaiser-Willem-Bort un denn öwer sien speigelblank Glatz — un denn räd'te he sinnig un doch fast up den Wachmeister in. Mit sien stäwig Arms wischte he bi lütten alls weg, wat an den Schandarm amtlich wier — un poor Minuten later güngen de beiden in't best Invernähmen röwer na den Bahnhoffskraug.

Stunnen naher keem Grotvadder ierst trüch. Sien Gesicht keem mi vör as de vulle Maand, un he fleut'te de „Stettiner Kreuzpolka" vör sick hen. Dat wier de Melodie, na de he rein alls fleuten un singen deed, wat man Musik wier, sogar de Chorals in de Kirch. Von den Wachmeister würd denn nich miehr räd't, de deed mi ok nix miehr. Ick öwer heff mienen Grotvadder von den Dag an meist noch miehr bewunnert, as ick dat sowieso all deed.

Harry Reuss-Löwenstein

WETTSWÖMMEN

So, — nu hollt ju mal eben en Ogenblick fast, ick will mal en Dings vertellen.

Also dat weer op de Bark ‚Hosianna', vun Papenborg to Huus, na, weeßt jo: ‚Hunger leidet mein Gemüte.' Öölkoken na Kopenhagen.

Bruddigwarmen Sommerabend, dat füng jüst an to schummern. Uns' Fohrtüüch dreev vör de flaue Bries, eben Stüer in't Schipp, in'n Sundstroom; poor Mielen vörrut weer al de Infohrt vun Kopenhagen to sehn.

Jonni Wubb stünn in Hemd un Büx an de Verschanzung un keek in dat lurige Water, dat ganz suutje an de Boordwand lang schölen dee. Jonni weer en fixen Kerl an Boord, en Janmaat as dor man ergendeen op dat Soltwater rümswabbern dee. Sien Maten muchen em dorüm ok all geern lieden, un dat bi all sien dummen Töög, de he meisttiets angeben dee. So ganz licht leet he sick dor jo ok nich bi faat kriegen; sien Mudder harr em mit 'n bannig plietschen Kopp na See to schickt. Un denn kunn he ok son unschüllige Ogen maken, dat de armen Unglückswörm, de he för'n Buern holl, em stüttig wedder op'n Liem kröpen. En dalverig Aas!

He harr al en Tiet simmeleert, wat he nich mal wedder wat an'n Dag geben kunn, — nu harr he jo wull den Tamp faat. „Du, Tjark!" reep he den Jung Tjark Tjarksen, „segg Kuddl, he sall mi den Gefallen doon un mien Roortörn bi veer Glasen wohrnehmen. Ick mutt mal eben an Land swömmen un en Breef besorgen, versteihst? Dat duert mi to lang mit den Putt; bit ji vör Anker gaht, bün ick wedder trüch!“

Tjark harr noch dat Muul wiet apen stahn, dor jump Jonni in de Rüsten, un plumps! — hau he af. He swömm achterrut, kladder op dat Roor rop un sett sick dor ganz vergnöögt op dal.

Sehn kunn em dor keeneen, dat weer wiet ünner't Heck; op dat dicke Holt kunn he gemütlich sitten, fein köhlig weer't ok, — dat leet sick uthollen. Af un denn dümpel de Kahn suutje, denn würr Jonni so'n beten mit't Gatt in't Water stippt, abers dat weer schöön angenehm.

Mal verlangen, wat se wat markt hebbt an Deck, dach Jonni graad; do legg sick dat Schipp so'n lütt beten na Lee öber, un ünner em füng dat so ganz liesen an to palschen. Bries keem op, dat Schipp möök Fahrt.

Dammi jo! — Schöön Taß Tee! Vörrut na de Rüsten kunn he nu nich mehr henswömmen. Schall ick nu utropen, utsingen, dat se mi gewohr warrt un an Deck hoolt? Och wat, — bi düsse Fahrt müssen se in en half Stünns Tiet binnen Kopenhagen vör Anker gahn, — so lang holl he dat woll noch ut. Un wenn't kniepen schull, kunn he jo jümmers noch an to bölken fangen.

An Deck weer allens kloor; keeneen weer wat gewohr worrn. Tjark, den dat Verwunnern noch dwars mang de Tähn seet, kunn dorüm den Snabel noch ümmer nich tomaken, as he in't Logis rinkeem, üm Kuddl vun wegen Jonni sien Roortörn to wohrschoon.

Kuddl möök genau so'n dömelich Gesicht as Tjark, as de mit sien Depesch ankeem. Abers aflösen hett he nich mehr bruukt. De Huscher, de unsen Jonni dor op't Roor so verfeert harr, weih jem graad bit op de Reed. Dor würr't wedder plackendodenstill, un Käppen Nagelfreter leet den Slickhaken wegsmieten.

De Anker pulter to Water. Keed würr noch utsteken, un dat Schipp swoi so eben rüm.

„Hang dor mal en End öber!" grööl dor mit'nmal wat ut'n Water, dat de Stüermann vörn op de Back vör Schreck in'n Dutt schööt. He luuster un keek: keen Boot to sehn!

„Hosianna — hoi, hang doch mal en End öber!" grööhl dat wedder ut'n Water. Allens keek sick verwunnert an, do see de lütte Tjark wichtig: „Dat is Jonni Wubb, — de is na de Post west!" smeet den Tamp vun de Fockschoot öber de Schanzkleding un holl Törn achter en Klamp.

„Wat is dor los?" Käppen Nagelfreter keem jüst vörrut.

„Na, sünd ji ok endlich dor?" lach un pruuß Jonni, steeg klöternatt, as Neptun bi de Dööp, öber de Verschanzung un jump an Deck.

„Dammi noch mal to! — Ick heff hier al 'ne halve Stünn op un dal swömmt un op ju luert, — geev mi gau mal een en Swatten, mi is meist flau worrn."

„'neben kaamt Se denn blots her?" fröög de Ool.

Tjark wull wat seggen, he japp en poormal, abers dor stülp Jonni em sien natte Mütz graad op de Proviantklapp.

„'neben ick herkaam? — Jä, Herr Kaptein, mi weer de Mütz öber Boord fullen, un dor kunn ick se nich glieks

wedderfinnen, un bi dat Söken weer mi dat Schipp ut Sicht kamen. Un dor … un dor …", verdammi jo, dat du nu ok graad den Olen in'n Hals lopen müßt, dach Jonni.
„Na un dor?" fröög de Ool wieder.
„Och, dach ick, denn swömmst gliek na Kopenhagen Reed, dor warrst jem woll drapen. – Abers bannig lang hebbt ji bruukt. Mi is meist de Tiet lang worrn."
Junge, de Käppen maak Ogen! He wull dat jo nich so recht glöben, abers dor müß de Jung dat betügen, dat Jonni vör en gode Stünn öber Boord jumpt weer.Dat weer jo en Deubelskerl! So wat weer em in de christliche Seefohrt noch nich vörkamen!
„Och", meen Jonni, den dat al wedder an de Lieken keteln dee, „dat is man half so dull. As wi den Nova-Skoschen verloren hebbt, bün ick vun Neefundland Banken bit na Halifax henswömmt!"
„Du kannst jo woll hexen un blaufarben!" meen de Ool. „Kumm man na achtern, schaßt en Kööm hebben!"
De Ool weer to anner Tiet bannig spoorsam mit sienen Doornkaat. Nu kreeg Jonni fix enen inschenkt, un denn müß he noch mal allens vertellen vun de Tour na Halifax.
Na, uns' Maat wull sick de gode Nummer warm hollen, un he swinnel den Olen denn ok bannig de Huuk vull. Aber jeedeen Enn hett twee Tampen, oder, as se an Land seggt: jeedeen Tau hett twee Enn's, un dat sull he ok gewohr warrn.
Se harrn al en Tietlang in Kopenhagen legen, do müß Jonni mal achterrut kamen, na de Kajüüt.

Wat he nu woll utfreten harr, dach he, un dweil — kaam ick hüüt nich, kaam ick morgen — na achtern.
Aber de Ool peil al wedder de Doornkaatkruuk; he schien bannig minschenfründlich.
„Wat ick seggen wull", füng de Käppen an, „Käpp'n Blackfatt vun de engelsche Bark ‚Oiled Flashlight', de hier blangen uns liggt, de hett en Matroos, en Swatten, dat sall en ganz dullen Swömmer sien. Schußt du den woll bieten können?"
Verfluchte dicke Luft! Dor schüür he jo asig över de Grund, — nu man vörsichtig, — eerstmal dat Loot smieten, dach Jonni.
„Ja, Käppen, dat kummt dorop an!"
„Na, ick will di't man seggen, — de is al mal över'n engelschen Kanal röberswömmt, aber so'n Kattensprung hest du doch gornich op de Reken, wat?"
Verdammi jo! Dat kunn jo en schöne Havaree warrn, — wo kümmst dor wedder rut? — un mit en swiensplietsches Gesicht: „Jä, Käpp'n, dat mööt wi mal sehn!"
„Mal sehn? Na, ick will di't man seggen, ick heff mit Käppen Blackfatt wett, dat du sienen Nigger vörbiswömmst, den büst du doch dreemal över! Ick denk, dat ick mi op di verlaten kann!"
Karracho! So, nu jaul man to! Dor seet he jo schöön op'n Drögen. „Jä, Käpp'n, ick bün man ganz ut de Öbung, ick mutt eerstmal en Tiet träneern." Dammijo, Tiet, blots Tiet! dach Jonni, — eerstmal opschuben, denn naher warr ick mi woll helpen.

„Träneern? Wo lang bruukst dorto? Mußt dor ok noch Gescherr to hebben?"
Nu stünnen Jonni sien Schoten al wedder stief, — dat weer doch belacht, wenn dor nich so'n lütten Backschisch bi ruttoholen weer.
„Jä, Herr Kaptein, wenn so'n Peerd reeßen schall, denn warrt dat ok extra pleegt, un bruukt anners nix to doon. — Arbeiden kann ick denn nich, un bi dat Schakulla, wat wi vörn to freten kriegt, kann ick ok keen Wettfohrten bestahn."
Do würr den Olen sien Liekdoorn bannig kniepen, dat weer siene kiddelige Steed. Aber he müß woll bidreihn. „Na jo, dat is denn ok puttegal, gah man na'n Kock, un laat di allens geven, wat du bruukst. Aber maak mi dat nich to dull!"
Dat weer jo mal wedder en schöne Hüür! Nu sullen de Biffsticks un Eier un all dat öbrige woll her, un de nödigen Buddel Beer hören dor ok bi!
Jonni nehm dat mit sien Training bannig genau.
Daags tweemal würr warm fröhstückt, un wenn't namiddags an Land güng, nehm he sick fix wat to Eten mit. Abers swömmen dee he nich. As de Ool em dor mal na fraag, meen he: „O, jo nich! Dat is dat schiere Gift, dat droff 'n jo nich maken, — nee, all de Kraft opspoorn!"
Na, as son veertein Daag rüm weern, leet sick de Ool abers nich länger begööschen. Käpp'n Blackfatt mit sienen Swatten füng al an, em för'n Buern to hollen. Do kunn Jonni dat Unheil nich länger hentrecken; Sünndag

vörmiddag Klock negen — sull't losgahn, — en Platz harrn se an Land al kloormaakt.
Dat weer schöön Wedder den Dag; en barg Lüüd harrn sick infunnen, de dat höört harrn; Flaggen weihen un de engelsche Käppen harr sogor en poor Muskanten anmunstert. De beiden Käpp'ns stünnen dicht an't Water, an'n Start. De Nigger weer al bi un maak sick kloor, blots Jonni, de fehl noch.
De Klock weer gliek negen, Charlie, de Nigger stünn al in Swömmtüüch, — allens luer op Jonni.
Käpp'n Blackfatt füng al wedder an to spitzen: „De drückt sick, de is woll utknepen." Un Charlie see: „Yes, yes", un grien öber't ganze Gesicht.
Aber mit'nmal kreeg he ganz runne Ogen! Jonni keem! In Swömmtüüch. Op'n Nacken dröög he en teerten Seesack, ünner'n Arm harr he twee grote Swattbrööd. Vör den lütten Buuk, de he sick anträneert harr, bummel em en lütten Bootskumpaß un en groten Demijohn.
He sett den ganzen Backbeernkraam dal un wisch sick den Sweet af. „Na", see he to Charlie, „dor büst du jo ok al, denn kann't jo losgahn!"
Dorbi maak he ganz tutig den Seesack op, pack dat Böbelste, Buddel Rum, Tüüch un Kraam, dor rut — stau de beiden Swattbrööd rin, dat annere wedder dor op, un bentsel em denn mit grote Ümstänn un Vörsicht wedder to. Denn lüft he em son poormal an, üm dat Gewicht to pröven, un fraag den Swatten so bilangs: „Segg mal, ick heff man twee Swattbrööd mitnahmen, dor kummt 'n jo woll mit ut, wat?"

De Nigger snapp na Luft, he reet de Ogen op, dat'n blots noch dat Witte sehn kunn, so dennig weer em dat in de Maag schoten.
Aber do keek Jonni sick üm un söch, un maak denn noch grötere Ogen. „Segg mol, wo hest du denn dienen Provjant?"
„What you say? Provjant?" stamer de arme Charlie, he weer ganz gries in't Gesicht.
„Jä, hest du di denn ok nix to drinken mitnahmen?" examineer Jonni wieder un klopp op sienen Demijohn.
De arme Nigger klapper mit de Tähn, he güng langsam en poor Schreed torüch.
„Aber mien gode Jung, woans hest du di dat denn dacht? Wullt du son acht Daag op'n Dumen lutschen? – Na, mientwegen, – dat heet, dat segg ick di: vun mi kriggst nix af! – Denn man full speed in'e Gang!"
Un dormit spee he sick in de Hannen, hung sick den Kumpaß un den Demijohn op'n Buuk, smeet sick den Sack op'n Puckel un güng driest na't Water to.
Aber do füng de Nigger ok al an to bölken: „Stop dat, no, no – mit den Kerl dor sall de Dübel swömmen!" Un he büx ut, all wat he lopen kunn.
Käpp'n Blackfatt schimp un schree vör Gewalt: „Holl an, you goddam blöddy Buschnigger!" Aber de weer futsch un heidi! Un Käpp'n Blackfatt sien Wett weer dormit ok heidi!
„Schaad is dat jo –", see Jonni mit so'n recht smerigen Grientje to sienen Käpp'n, „ick harr jo to geern mol wedder so'n orrige Fohrt maakt, – wo ick doch de ganze Tiet nu so schöön träneert heff!"

Alma Rogge

HINNERK MIT'N HOT

In'n Kiewitkrog keemen se tohop: Hinnerk mit'n Hot, Kiepen-Korl un Didi-noch'n-Littjen.

Hinnerk mit'n Hot harr immer 'n stieben swarden Hot up. 'n bäten grön verspakt un indökt weer he woll, man dat kunn nich helpen, he drog de Hö, de he fröher blot sonndags un wenn he utgung up harrt harr, de drog he nu for alldags to.

Kiepen-Korl weer nich anners as mit'n Kiep to sehn. He harr immer wat bi to halen: von den Kopmann, von'n Bäcker, von Schoster un Kedelflicker. He heelt den Arm noch krumm, ok wenn he mal ahn siene Kiep gung.

Didi-noch'n-Littjen nehm immer blot 'n Littjen, un wenn dat ok eenen halwen Liter oder een Glas stieben Grog na'n anner weer. So harr jeden sienen Namen kreegen.

Eenen um den annern Dag drapen se sick. Wenn se keemen, dat gung so: se slogen Hot oder Mutz up den Haken, setten sick up ären Platz un haun mit de Hand up den Disch, bums, dat schull heeten: goden Dag. Denn tucken se mit den Kopp na de Thek hen, dat wull seggen: 'n Köm. Harr de Kröger den brocht, tippen se mit'n Finger tweemal up den Disch, dat heede: L.P.! Lat'n pultern! Un se leeten em pultern! Un denn kunnen se sick immer noch awerleggen, of se wat seggen wullen oder nich.

Vundagen wulln se wat seggen.

„Dat is denn doch —", sä Hinnerk mit'n Hot.

„Wat een all beleben kann un wat dat blot for Minschen gift –."
„Gott schuf die Menschen", sä Kiepen-Korl un broch sien Piep in de Gang, „man sund se dar woll na?"
„Gah ick vorhen in usen Garn un will Kohl rin halen", fung Hinnerk wedder an. „Schall morrn grönen Kohl bi us geben, is nu ja moj zart na den Frost."
„Heff mi ok all'n Kiep vull halt", sä Kiepen-Korl.
„Un dar denn noch'n littje Pinkelwurst to –", sä Didi-noch'n-Littjen.
„Kam ick dar achtern in'n Garn, un wat meent ji, ick kiek un denk ick kiek nich recht: is dar een bi mienen Kohl wesen."
„Von de Hasen upfreeten?" frag Didi.
„Afsnän. Stahlen", sä Hinnerk.
„Stahlen?" frag Korl.
„Stahlen!" sä Hinnerk.
Dat weer 'n littje Tied still bi de Dree. „Stehlen" weer 'n slimmt Wurt, dar keemen se nich so gau awer weg. Man denn awerleggen se, wer de Deef wesen kunn. Se wulln ja nums geern wat Slechts naseggen, awer de Stohlmaker, de nich wiet von Hinnerk af wahnde, de harr dat säker dan. Dat weer so'n Leegen!
„Wat wullt du denn nu maken?" frag Kiepen-Korl.
„Ja, wat schall ick maken", sä Hinnerk, „dat frag ick Jo."
„Em verklagen", sä Didi. „Den Schandarm dar achter kriegen."
„De Schandarm", sä Hinnerk, „wenn de kummt, swört he't eenfach af."

„Ick weet wat“, sä Didi, „du geihst sulben na den Keerl hen un seggst em dat up'n Kopp to. Schast sehn, denn heß em!“
„Un denn?“ frag Hinnerk.
„Denn zeigst du em an. Un denn kummt he in't Lock!“
Se weern nu bi'n Grog. De Rök von den Rum tog awer den Disch, se snuffeln, se probeern, se snuffeln wedder, se drunken.
„Man kann dat awer ok“, sä Kiepen-Korl un keek nadenkern in sien Glas, „man kann dat ok anners nehmen. So as use Müller hier: den wurd mal'n tiedlang immer Mehl stahlen. He leet dat so lopen.
Wat möt dat for'n armen Minschen wesen, sä he, de dat deit.“
„Dar liggt wat in“, sä Hinnerk mit'n Hot.
„Wenn em dat nich ganz gräsig slecht gahn deit, ick meen, denn stehlt 'n Minsch nich. Dat kann ick mi meers nich denken.“
„Ja, un de Stohlmaker“, sä Didi, „väl verdeenen deit he nich. Un denn 'n Fro un 'n Koppel Kinner –.“
„Darum meen ick“, sä Korl, „man schull dat is anners maken. Wenn immer Gewalt gegen Gewalt un Unfräden gegen Unfräden sett't ward, kann dat minlef nich bäter weerden in de Welt.“
Hinnerk mit'n Hot meen nu ok: wenn man de Minschen immer gliek for slecht nehm, denn weern se ok slecht. Man wenn een dat Gode söken dee, denn weer dat ok to finnen. Un bäter weerden mussen de Minschen!
Se drunken noch'n Grog, se snacken hen un snacken her, se röhrn in äre Glös rum, se keemen dar bi in Fahrt.

Toleßt maken se ut: den Stohlmaker schull hulpen un he schull bätert weern.
Hinnerk mit'n Hot schull den annern Dag hengahn un em to den Kohl 'n Stuck Speck henbringen. Denn kunnen se ja mal sehn — —.
„Wat he sick denn nich besinnen deit", sä Didi-noch'n-Littjen.
„Wat wi nich doch an dat Gode glöben könt", sä Kiepen-Korl.
„Denn up den Globen kummt dat an!" sä Hinnerk mit'n Hot.
Se gungen na Hus, dat weer later wurden as anners. Hinnerk siene Fro lur all up em. Se wull ok geern wat Nees hörn. Wat Nees geef dat nu ja. Hinnerk vertell, wat se besnackt un wat se beslaten harrn.
„Denn snie morrn froh man eben bi de Sied langs", sä he.
„Denn wullt du den Deef wahrhaftigen Gotts to den stahlen Kohl, wullt du em 'n Stuck Speck, wullt du em dar noch to hen bringen?" sä siene Fro. „Buß du denn rein unklok wurden?!"
„Wenn du dat nich versteihst", sä Hinnerk, „denn möß du dar nich awer snacken. Wo schöllt de Minschen anners bäter weern? Wenn immer blot Gewalt gegen Gewalt un Unfräden gegen Unfräden sett't ward — —."
„Du snackst as 'n Bok", sä siene Fro.
„Ick segg di", sä Hinnerk, „dat Gode kann von niks anners as von't Gode kamen. De Minschen willt dat man nich begriepen. Man Didi, Korl un ick, wi hebbt dat begreepen. Un wi willt dar nu ok na don."

„So“, sä siene Fro fünsch, „un du meenst, just ji dree harrn dat ‚Heil der Welt‘ bi jo'n Grog harrn ji dat utfinnig makt? Un just von hier schall dat nu utgahn?“

„Just ackrat von hier“, sä Hinnerk un slog mit de Fust up den Disch.

„Just hier von Fleetsiel ut, ja!“

Siene Fro sä niks mehr. Hinnerk slog höchstens all Jahr eenmal vor är up den Disch, un dat eenemal leet se em denn sienen Willen. Se keek em an: he seet dar, stur un stief, he heelt den Kopp so hoch, as wenn he dar — as wenn he dar 'n Zylinder up harr!

Den annern Dag tog Hinnerk mit'n Hot mit'n ornlich Stuck Speck los, hen na den Stohlmaker. He gung as een, de weet, wat he will, un em weer to Mot, as wenn he so 'n Apostel Paulus weer!

Dat Hus von den Stohlmaker sehde buten un binnen man arm ut. Hinnerk bleef vöran up de Daal stahn.

De Stohlmakersfro keem ut de Stuv un keek em fragwies an.

„Is de Stohlmaker to Hus?“ frag Hinnerk.

„Nä“, sä de Fro. „Kann ick wat bestellen? Ick bun siene Fro.“

Hinnerk keek är an, se kenn em woll nich glieks, he gung 'n Trä vör. De Fro bleef so stahn. „Ick bun siene Fro“, harr se seggt. Hinnerk nehm sienen Hot af, sienen stieben swarden Hot.

„Un ick bun Hinnerk Hopken“, sä he un bög sienen langen Rurch.

De Fro verjag sick vor den swarden Hot, de dar vor är up un dal gung, se mak 'n Knicks, 'n littjen verlegen Knicks, stunn stief up äre Stä un keek em as 'n Karnickel, dat nich weet, wat nu gellt: sitten blieben oder utkniepen!
„Dat is man", fung Hinnerk wedder an, „Arbeit heff ick just nich for den Stohlmaker. Hett he wat to don?"
„Och", sä de Fro, „mal hier, mal dar. Väl bring dat nich."
„Kann ick mi denken", sä Hinnerk. „Is nich licht, sick dör to slan."
„Nä — i —", sä de Fro.
Hinnerk mit'n Hot harr sick up den Stohlmaker inricht, man nich up de Fro. Harr se mit Schuld an den Kohl? Wat schull he är seggen? Nu keem dar 'n littje Deern, een hellen Kruskopp anlopen. Hinnerk kreeg wedder Wind in de Seils.
„Wat 'n littje moje Deern", sä he. „So söt un unschullig."
„Ja", sä de Fro un nehm den Flaßkopp up den Arm. „Ganz as de Vadder."
Nu weer dat ut mit Hinnerk. He treet von een Been up dat anner, he kröntjede, as wenn he wat in'n Hals harr, he keek na de Dör, wo he wedder rut muß.
„Dat is man blot", sä he, „ick keem hier just vorbi, un do dach ick, schast is eben bi den Stohlmaker rinkieken, dach ick."
De Fro sä niks.
Hinnerk mit'n Hot nehm sien Paket, legg dat up den Disch.
„Un denn heff ick 'n Stuck Speck mitbrocht. Ick dach, Se kunnen dat saß bruken", sä he, „wenn Se mal wedder

grönen Kohl eeten dot." De Fro rög sick nich. Hinnerk gung rut.
Hinnerk weer mit sick tofrän. „Wenn Se mal wedder grönen Kohl eeten dot —", dat seet! De Stohlmaker harr den Speck un harr den Schreck! Hinnerk gung na Hus.
Den annern Dag keemen se wedder in'n Kiewitkrog tohop: Hinnerk, Korl un Didi. Se drunken ären Köm vorup, se drunken Beer achterna, eene littje Lag' na de anner. Hinnerk muß vertelln, wo dat mit den Stohlmaker aflopen weer.
Un he vertell: von den Speck, — wo lang, wo breet, moj dörwussen, — von den Stohlmaker sien Hus, von de Fro, de em so verbiestert ankeeken un niks recht seggen kunnt harr. Dat unschullige Kind, „ganz as de Vadder", leet he weg. Darvor sä he den leßten Satz von den Speck, den se bruken schulln, wenn se mal wedder grönen Kohl eeten, den sä he tweemal. Wat, de seet?! Hinnerk mit'n Hot drunk sien Glas in eenen Tog ut, stell dat hart up den Disch, keek siene Mackers wiß un hellogt an un sä: „Soväl weet ick gewiß", sä he, „de stehlt mi kinen Kohl wedder!"
„Dat is man", sä Kiepen-Korl, „nu sund se bi mi wesen."
Hinnerk sä niks. De Kröger broch 'n frische Lag', Didinoch'n-Littjen harr 'n versteeken Grienen in de Ogen. „Hinnerk hett är ja ok seggt", sä he, „de Speck weer for de nächste Mahltied Kohl. Denn mussen se sick de doch ok halen!"
Se sän nich väl an dissen Abend, se harrn toväl to denken, se gungen dat hart an. Hinnerk slog von Tied to Tied up

den Disch, as wenn he wat seggen wull, man denn slog he nochmal to: L.P. Un se leeten em pultern, se drunken mehr as är god weer. Toleßt muß awer doch woll noch wat seggt weerden.

„Dat is man“, sä Hinnerk mit'n Hot, „wenn een Keerl leeg is, darum schullen wi den Globen noch nich glieks upgeben.“

„Eenfach“, sä Didi-noch'n-Littjen, „eenfach is dat nich, de Minschen to bätern.“

„Nu eersmal“, sä Kiepen-Korl, „nu eersmal sund wi dar ja mit to 'n Stillstand kamen!“

Fritz Specht

SWATTSUER

Wenn se grod heirot't hebbt, de jungen Lüd, denn is dat toerst jo ümmer allens een Glück un Sünnenschien —. Ganz so scheun schient de Sünn nich mehr, wenn he erst mol seggt hett: „Dat hett mi got smeckt, mien Seuten, ober bie mien Mutter —", na, usw. Dat mag se nich heuren.

Ober he, de Torfkopp, seggt dat jedesmol wedder. So dumm sünd de Mannslüd nu mol.

Villicht sünd de Froonslüd nich kleuker.

Bie uns is dat anfungen mit de witten Koken. Wenn du Hamborger büst, denn weeßt du jo, wat dat sünd, witte Koken. Wenn wi soveel sworen Krom eten harrn, to Wiehnachten, swore Koken meen ick, Puffer to'n Biespill, wo du vun een Stück satt wärst — harrst dor ober dree vun eten — denn harrn wi dor de witten Koken gegen.

Un de witten Koken, dat is sowat, wo mien Froo öber lachen deit.

Hüt is dat'n Kunststück, witte Koken optodrieben, denn hüt mokt de Bäcker dor richtige scheune Koken ut — mit Fett un Ei un sowat, ober dat is ganz verkehrt. De olen witten Koken, ick gläuv, dat wär wieder nicks as Mehl un Woter un Rosenwoter un boben op en Stück Succod — *veel* mehr gewiß nich — en ganz dreugen Krom. Se alleen to eten, dat smeck gor nich mol dull, ober wenn du al'n Fettplacken in'n Buk harrst, denn wären se got — ick kann mi Wiehnachten hüt noch nich vorstellen, wenn dat keen witte Koken gifft — un mien Froo, heff ick al seggt, de lacht dor öber — dor kannst al an sehn, se is nich ut Hamborg.

Ober ick wull jo gor nich öber witte Koken snacken. — Nee, ditt Mol will ick vun Swattsuer snacken.

Also wenn he erst 'n poor mol seggt hett: „... mien Mudder hett dat Swattsuer anners mokt", dat mag de Zuckerpopp nich heuren, un denn kokt se em gor keen Swattsuer mehr. Se mag dat sowieso nich to gern, villicht, wenn se ehrlich is, gor nich.

Mien Froo is ober doch kleuker west un is noh ehr Swiegermutter gohn, noh mien Mudder, un hett de mol frogt — un hett dat denn ook mol bie ehr eten, denn mien Froo seggt ümmer, blot so noh dat Rezept koken — dat is man Tofall, wenn dat denn richtig henkummt, nee, se mutt dat ook mol probiert hebben, datt se den Gesmack kennen lehrt.

Nu mutt ick seggen, se lacht liekes öber dat Swattsuer, dat mien Mutter mokt hett — un de Frömden hier bie uns, de schüttelt sick, wenn se dat blot heuren dot. Also erst mol de eenfachen Mehlklüten, de dat bie mien Mudder geben dä. Ick meen warraftig, dor wär wieder nicks an as Mehl un Woter un'n beten Solt. Dreugen Tapetenkleister, sä mien Froo dorto. Un denn — dat is for de Utlänner ganz verrückt — gäv dat dor Stekröbenschieben to — so in'n ganzen eenmol öber de ganze Röv sneden — de kok mien Mudder jo woll eenfach in'n beten Soltwoter af un legg jem denn dreug op'n Töller.

Un wenn ick dat mol seggen sall: wenn de Klüten un düsse Stekreubenschieben fehlen dot, denn is dat keen Swattsuer, so as ick dat mag. To dat dicke, fette Swattsuer, dor sünd de Klüten un de Röbenschieben grod dat Richtige to.
De dat noch nich eten hett, den kannst dat nich verkloren, de gläuvt dor nich an.
Welk mögt dat ook woll nich mögen, dat giff dat jo bie jedes Eten. Ober de dat kennen dot, de bruk ick wieder nicks to seggen. Un wat se ook mol seggt hett: mien Froo itt dat hüt ook, un mag dat ook.
Gediegen, wat?
Lot uns man dat Swattsuer nich vergeten — öber all de Steaks un wat dat so is.

Otto Tenne

DE BEIDEN OLEN

Wenn ole Lüd' sick mol 'n beten kabbelt, denn hett dat meisttiets nich veel to bedüden. Is nich anners as 'n Aprilschuer, un de Sünn is glieks wedder dor.

So sitt ook mol de ol Froo Boomkamp an 'n Obend bie to knütten. Ehr Fingern sünd hittelig — wo Vatter wull blifft? He wull sick doch bloß 'n beten de Feut verpedden? He müß doch al lang wedder biehus wesen, de Ol! Wo he doch weet, wat se sick jümmers for Sorgen mokt!

Mit'nmol geiht buten de Dör.

„Vatter, büst du dat?"

„Jo, ick bün al dor!"

Al dor is got, denkt se un knütt' for dull. As ehr Ol in de Stuv kummt, seggt se: „Hett ober lang mit di duert!"

„Jo, ick heff ook 'n düchtigen Weg achter mi!" prohlt he.

„Sallst doch nich so veel loopen!" schimpt se. „Büst jo heel un deel ut de Pust!"'

Vatter sett sick in den Lehnstohl un brummelt: „Wat du jümmers hest! Ick kann't noch ganz got!"

„Jo — un miteens liggst wedder op de Näs!"

„Deist akkrot', as wenn ick al 'n olen Kerl weur!"

„Na, mit dien soß-un-söbentig büst jo ook al 'n poor Mol ut de Büx rutwussen!"

„Och wat! Harrst man sehn sullt, wo got ick noch den Möhlenbarg ropkomen bün!"

„Wat? Sowiet büst du ünnerwegens west? Jung, di kann 'n doch nich alleen loten!"

„Tjo, wi sind eben noch leifig to Fot!"
„Du Grotsnut!" schimpt Greten, „un vonobend jappst mi wedder wat vor!"
„Quark nich soveel!" gnurrt he. „Ick heff Hunger!"
„De Brotkantüffeln stoht al to Füer!" seggt Mutter. „De möt ober noch 'n beten hebben, du wullt de Dinger jo jümmers so kroß eten!"
„Do noch twee Eier bie!"
„Harr ick so don! Un nu kumm, ick will di dat Kissen in de Rügg schuben!"
„Dat lot man!" gnurrt he. „Wenn ick mol olt bün, kannst mi dor jümmers noch mit komen!"
„Ober Vatter, noh den langen Weg kannst di dat doch 'n beten komodig moken!"
Vatter fangt eenfach an to grölen: „Lustig ist das Zigeunerleben, holdria, holdria, ho ...!"
„Do man, as wenn du Bäum utrieten kunnst!" schüttkoppt Greten, „un nohsten sloppst mi bie de Brotkantüffeln in!"
„Dat segg nich, du! Wi beiden danzt hüt noch den Gode-Nacht-Walzer!"
Nee, is nicks mit den Olen optostellen! Mutter geiht noh de Kök un püttjert bie de Pann.
Nu jappt un hojohnt Vatter doch 'n beten, sien Greten sütt dat jo nich. He will sick dat jo nich ankomen loten.
„Eben noh den Möhlenberg rop!" brummelt he. „As wenn dat wat weur!"
Un denn hojohnt he al wat düchtiger as toerst ...
„Un jümmers will se mi dat dösig Kissen in de Rügg schuben ..."

Nu hojohnt he nich mehr, nu is he al bie to sogen. Jümmers näger kummt he ran an den Knast.
As Mutter rinkummt, de Brotpann in de Hand, do blifft se erstmol bie de Dör stohn un kickt sick dat Spillwark an.
„Du ole Döskopp!“ seggt se liesen, „nu bist du mi doch noch inslopen!“
Gau stellt se de Pann op ’n Disch. „Teuv, nu stek ick di liekers dat Kissen unner!“
In dissen Oogenblick kriggt Vatter den Knast tofoten. He geiht em an, wat de Gardinen dat Bebern kriegt.
„Hattschete-hattschete-hattschetepuh ... wa ... wa ... wat is denn?“ kummt he hoch.
„Inslopen bist du!“ grient Greten. „Hest an ’t Enn’ von unsen Gode-Nacht-Walzer dräumt?“
„Nee, dat nich!“ seggt he un mokt sick al wedder stur. „Mi hett dräumt, du wullst mi dat verdreihte Kissen unnerstoppen!“
„Heff ick doch al, Vatter!“
Do kuschelt he sick trügg un seggt liesen: „Och jo, scheun week is dat jo, du — du ole, dumme Deern!“

Fritz Wempner

KRISCHAN UT GAMMELBY

Krischan: *(mit'n veel to lütten Hoot, Handschen un eenen lütten Reisekuffer. He kiekt jümmer so'n beten trurig un benaut, as meent de Welt dat gor nich recht god mit em.)* Dag ... ! Mien Nam is ... un so heet ick ok ... Krischan. Ut Gammelby. Dat liggt hier kort achter ... villicht ok nich ganz so wiet. Geborn bün ick an'n 29. Februar. Ick heff irst achtmol Burdsdag hatt, dorför heff ick mi so god hollen. Wenn Se nakieken in'n Kalenner, ward Se sehn ... dat weer een Sündag. Ick bün een Sündagskind. Jawoll! In de Week harr mien Modder leider keen Tied. As ick up de Welt keem, wog ick blot dreeunhalv Pund. Dat weer nich veel, awer för de söß Weeken, wat mien Öllern verheiraad weern, weer dat liekers heel god.

As ick letzt ut Gammelby na Hamborg reisen dä, dor sä mien Modder to mi: „Paß up Di up, Krischan! De Welt is gräsig slecht. Lat Di nich mit'n Lolly inne Husdör locken!"

Un mien Modder hett recht ... O, wo is de Welt verdurwen! O, wat sünd de Minschen slecht! Fröher, dor weer dat beter. Dor hett dat noch heten ... Frollein, darf ich wagen, Ihnen Arm und Geleite anzutragen? ...

Hüt heet dat blot ... Frollein, wüllt wi vörher noch 'n Tass Kaffee drinken?

Jojo, na de Emanzipatschon hett sick 'n Barg verännert ... Gah ick doch obends up de Reeperbahn in Hamborg spazeern, dor kamt mi alle Nees lang so'n nich jümmer junge Deerns in de Möt. Dat is keen weibliche Polizei, wenn de ok mol eenen mitnehmt ... Seggt dor so eene to mi: „Kleiner, komm mal mit, ich will Dir mal was erzählen!"...

Ick sä: „Lat man, so'n Kleiner as ick, brukt nich allns to weten." ...

Jo, mien Modder hett recht. Wer weet, wat de mi för'n Lolly vörsett? ...

De gaht mit Di um de Eck un bringt Di enfach um de Eck. Dammi um de Eck!

As ick nu wiedergüng, pedd ick doch ut Verseh'n so'n uptakelt Fronsminsch up dat Ballkleed. Bevör ick mi entschulligen kunn, dreiht de sick um un schreet mi in't Gesicht: „Könt Se sick nich vörseh'n, Se ol Oss?!" Ick sä: „Wat kann ick denn weten, dat Se ole Koh so'n langen Steert hebbt?!"

Nu keem ick bilütten in de Neegde vun de Herbertstraat. Dor gaht de Fronslüd langsom up un af, wiel se gauer vörwards wüllt.

Nich wiet af stunn so'n Hamborger Buttje un frog den Udel, so'n Polizeiminsch, na de Herbertstraat ...

„Wat?" sä de Udel, „Du halvwussen Bengel frogst na de Herbertstraat?"

Batsch harr he eenen an de Back. De Jung leep na sien Modder, un de Tranen lepen em man so öwer't Gesicht. Se straakt em den Kopp ... „Wat is los, mien Jung, wer hett Di wat dan?" ...

„De verdreihte Udel, de hett mi een langt, blot wiel ick em na de Herbertstraat frogt heff." ...

„Du frogst em na de Herbertstraat?“ reep se fünsch un kreeg em bi de Ohren. Batsch kreeg he noch een vun sien Modder.
„So“, sä de Jung, „nu kann Vadder sien Hoot awer sülvst halen!“
Ick harr de Nees vull vun mienen Afsteker na Hamborg un fohr mit de Isenbahn na een anner Borg, Flensborg. As ick nu in den Tog seet, in so'n Coupon, seet mi vis a quer so'n fröhere junge Daam gegenöwer, de harr al teemlich wecke Johren up den Puckel ... so'n Mumienaspirantin. De keek mi jümmer an, as harr ick ehr dat Sporkassenbook klaut.
Denn seggt se mit so'n spitze Stimm: „Mein Herr, schließen Sie standepee das Fenster! Glauben Sie etwa nicht, daß es draußen kalt ist?“ ...
Ick heff dat Finster dichtmakt un heff ehr ganz fründlich frogt: „Glowen Se, dat 't nu buten warmer ward?“
De Olsch weer mi bannig unsympathemati ... unsympatheti ... egol, ick much ehr nich lieden un güng in dat Coupon blangenbi. Keem ick doch wedder bi so'n ole Schachtel to sitten. Mit'n mol grabbel se jümmer up mien Knee rum. Tiedlang leet ick mi dat gefallen, awer se bleef bi. Ick sä to ehr: „Wat schall dat to? Wat fummeln Se jümmer an mien Knee rum?“ Seggt se: „O, Verzweiflung, mi is mien Sahnebonbon ut'n Mund fullen.“ ...
Segg ick: „Nu laten Se doch den dammeligen Sahnebonbon!“ ... Seggt se: „Jo, awer mien Gebiß kleevt dor man noch an.“

Ick güng wedder in een anner Coupon. Dor harr ick Sott. Liek vis a quer seet mi so'n junge, snuckelige, flassblonde Deern gegenöwer. Sowat to'n Girnhebben. Mit'n mol fangt se an un jökt sick. Mol up dat Gnick, mol up den Puckel, denn up't Plafond (Brust). Se harr sick wull so'n lütt Lopp (Floh) infungen ... Tiedlang weer dat Deert wull an't Sugen, awer denn güng dat wedder los. De Lopp weer ehr in de Strümp hüppt un weer bi de Knee an't Bohren. Se steiht up un denkt sick ... Töv, nu krieg ick Di! ... Se bückt sick dal ... un as se sick so krumm maken deit, passeert ehr wat, wat rein minschlich, awer doch bannig pienlich is. Up düssen Ton harr se wiß al'n ganz Tiedlang seten. Se sä blot: „O ... !" Wat schull se ok wull veel anners seggen? So'n dicken Herrn in de Eck, de dat mitkregen harr, smustergrient un meen: „Dat is richtig, Frollein, wenn Se em nich faat kriegen könt, scheten Se em enfach dod."
Ick güng in een anner Coupon un harr Glück. Dor seet blot een junge Herr. He sä nix, ick sä nix, un sodennig hebbt wi uns fein unnerhollen. Denn sä he doch wat: „Gestatten?" un truck dorbi den eenen Stebel ut ... Ick rutsche up de Bank een Stoot bisiet ... Dat duer nich lang, dor meen he wedder ... „Gestatten?" un truck den annern Stebel ok noch ut. Puh ha! Ick rutsch' ganz in de Eck un snapp na Luft ... Dat hett he markt un sä: „Entschuldigung bitte! Das ist bei uns im Lande so Sitte, ich bin nämich ein junger Schweizer." Ick sä to em: „God, dat Se dat seggt. Ick heff al dacht, Se weern een olen Limburger."

Den Stinkedoris heff ick gau Tschüß seggt. Awer ick harr liekers rut mußt, denn de Tog leep jüst in Flensborg in. Up'n Bahnstieg reet mi meist so'n Kirl um, de harr dat bannig hild. As ick upkeek, keem mi een Gesicht in de Ogen, dat bestunn meist blot ut Baart. Also, sowat vun Baart harr ick öwerhaupt noch nich seh'n. As harr he een Peerd öwersluckt un de Steert keek noch rut. Dor güng de Baart mit'nmol ut'neen un ick hör: „Hallo, Krischan, Du büst dat? Di heff ick jo siendaag nich mehr seh'n."
„Se sünd up'n Holtweg", sä ick, „ick kenn Se nich un heff Se niemols seh'n."
„Awer Krischan!" keem dat ut dat Lock mank all dat Suerkrut, „wi hebbt doch tohopen up een Schoolbank seten!" Ick sä to em: „Dat mi leed! Ick kann mi nich drup besinnen, dat mien Nebenmann so'n Vullbaart harr."
Dat weer al düster, as ick den Bahnhoff verlaten dä. Wat sehg ick dor? Een Kirl, de ünner so'n Lantücht, so'n Bogenlamp, rumkrabbeln dä. He harr ok een up de Lamp. „Wat söken Se denn dor?" heff ick em frogt ... „I ... ick sök mi ... mien Hu ... Husdörslötel." ... „Sünd Se sick denn seker, Se hebbt em hier verloren?" ...
„Nee ...!" stamert he. „Ver ... Verloren heff ick em drö ... dröben up de anner Si ... Siet, awer do ... dor is mi dat to duster."
Ick greep mi miene Kuffer un röwer na de Taxis. „Herr Schofför, wat kost dat un fohrn mi rünner na den Südermarkt?" He dreih de Schief dal: „Fief Mark!" ... „Un de Kuffer?" „De Kuffer kosten nix." ... „God", sä ick „foh-

ren Se de Kuffer rünner, ick gah to Foot" ... Un stellen Se sick vör, dat wull he nich.
Denn leep ick mit de Kuffer los un keem an de Eck vun de Rathusstraat. Steiht dor doch in de Mitt vun de Krüzung so'n Wachtmeister vun de Verkehrspolizei. So'n fixen, so'n schneidigen een! He fuchtelt mit de Arms rum as so'n Kapellmeister. Dorüm hebbt se em ok Furtwängler nömt. Nu stunn dor an de Eck so'n lütten Jung, de makt dat ok so, un dor freu sick de Wachtmeister richtig to.
„Na, mien Jung, wenn Du grot büst, wullt Du wiß ok bi de Polizei?" „Nee ...!" kreiht de lütt Jung, „awer ick heff'n groten Broder, de mag ok nix don."
Dor sehg unsen Polizeimann so'n lütt Oma öwer de Straat lopen. Se wull na de Post; leep awer nich up den Zebrastriepen, as sick dat hören deit. Nee, jümmer dor so'n annerthalv Meter vun af ...
„Oma, up'n Strich gahn!" reep de Wachtmeister ehr to. Un Oma mit ehr hoge Stimm: „Dat heff ick weetgott nich nödig. Ick heff 'n gode Rente, ick kumm ut."
Mi knurr de Maag as so'n Knurrhahn. Ick harr Smach un rin in so'n Restauratschon. Colobums hett dat fröher heten. Dor kreeg ick denn toirst een Supp. De weer gräsig dünn ... „Frollein, wat is dat egentli för'n Supp?" heff ick mi erkunnigt. Se harr blot een Wurd för mi in'n Vörbilopen: „Ochsenschwanzsuppe!" As se trüchkeem, heff ick ehr den Töller gewen un se beden: „Gahn Se doch eben rut na de Ossen ... he schall den Steert bidde tein Minuten länger rinhollen!" – Denn keem se dormit

trüch, awer beter weer de Supp nich. De hett nich na em un nich na ehr smeckt, dorüm heff ick ehr frogt: „Kann ick mol de Plettmenagerie kriegen?" ... „Wat för'n Dings?" sä se snippsch ... „Een beten Salt, bidde!" ... „Och so!" un dorbi greep se in de linke Dasch vun ehr Servitierschört, kreeg dor mit ehr spitze Finger Salt rut un streu mi dat in de Supp. Ick sä: „O, wo praktisch! ... Hebbt Se tofällig ok noch 'n beten Peper in ehren Manufakturloden?" ... „Gerne, der Herr!" un dorbi greep se in de rechte Dasch un hett dat jüst so makt. Ick sä ... nee, ick sä gor nix mehr; denn na Semp wull ick lewer nich frogen.

Naher keem se mit'n Biffstück an un holl dat Biff warraftig mit den Dumen fast. „Seggen Se mol", heff ick seggt, „dat is aber nix Feines, Se hollt jo den Dumen up mien Biff." „Ick lat dat al wedder los!" hett se meent. Eenmol weer ehr dat al vun'n Töller flogen, dat tweete mol schull dat nich passeeren ... Ick heff mi mien Deel dacht, dat een öwer sowat nich lang nadenken schall, denn ... denk nümmer, dat Du denkst, denn wenn Du denkst, Du denkst, denn denkst Du nich, denn denkst Du blot, Du denkst ... Minsch, wat'n Biff! So taag as Ledder. Een vörnehme Mann an'n Nebendisch kunn dat ok nich bieten. Mit'n mol nimmt he sien Biff ut den Mund, packt dat up'n Töller, kriggt sien Industrieteens rut, schüfft de dorto un seggt: „So, nu kaut alleine weiter!"

Ick heff noch kaut, as ick naher up de Straat langschesen dä. Up eenmol dacht ick: Nanu? Un denn dacht ick öwerhaupt nich mehr. Dor weer mi batz een Tegelsteen

up'n Kopp fullen. As ick to Huus bi Modder up dat Schaiselongü leeg un mien Buul köhlen dä, les ick in't Blatt ... In Deutschland werden jährlich 150 Millionen Ziegelsteine fabriziert. Da fallen auf den Kopf der Bevölkerung 25 Stück ... Un dorbi keem ick wedder an't Denken: Eenen Tegelsteern harr ick jo nu al weg! Awer wenn de annern veeruntwintig nu up eenmol rünnerfallen, denn süht een jo ut, as harrn de Muerlüd jüst Foftein makt.
Ohaueha jo ...! Mien Modder hett recht hatt:

O, wat is de Welt verdurven!
Nee, wat sünd de Minschen slecht!
De Lewensweg is vull vun Kurven.
Dat is een böset Kummtorecht.

Wilfried Wroost

WARUM JONNI SOODMANN TO SEE WEG SULL

Vadder Soodmann wör 'n olen fliedigen Hamborger Habenarbeiter. Paul, sien ölste Söhn, wör Prokurist worn un bannig stolz up sien Bildung. Frieda, de Dochter, seet an'n Schriewmaschin in'n grot Kopmannshus. Ok se wör'n hochnäsig un eitel Ding. Väl Freud beleew de ol Mann nich an sien beiden Ölsten, de sick schamten, en gewöhnlichen Habenarbeiter ton Vadder to hebben. Aber sien Jonni, de Jüngst, dat wör sien Ogappel, sien eenzigst bäten Freud, wat he in de Welt har. Jonni woll geern to See, aber de Ol woll em nich loten, kunn sick noch nich von em trennen. Darum fohr he as Anbinner up'n Habenfähre.

Hüt harr de ole Mann von sien Brotherrn de Künnigung krägen, he wör jem to old un stief worn.

Un dat dröp em swar.

Sien beiden Ölsten woll he nich up de Tasch liggen, un von dat bäten Rente kunn he nich leben.

Vadder Soodmann weur ganz alleen in sien Wohnung. Mit grote Schreed gung he in de Kök op un dol. De Hann' harr he op'm Rücken leggt un den Kopp deep op de Bost sacken loten, as weur he to swör von all de düstern Gedanken, de dorbin'n rumweuhlten.

Ümmer up un dol gung de ole Mann, vont Finster bit an de Stubendör, un van dor wedder torüch. So dull he ok nogrübeln dä, wat mit em nu warn sull, he wußt dat nich. He harr nu keen Arbeit mehr, un wo sull he ok woll weck wedderkriegen? So licht weur dat nich! De ole Rheumatismus harr ok noch een Wort mittosnacken. He reet un kneep den oln Fohrnsmann un Hobenarbeiter in alle Knoken. Sick mol wedder för een Törn krankmelln, dat much he nich. Dat wüer denn all ton drüttenmol in dit Johr, un de Kassendoktor wußt nix mit em optostelln, harr em noch soveel ton Innehmen un Inrieben verschreben, ober hulpen harr dat nix.

„Jo, jo", sä Vadder Soodmann to sick selbst, „denn helpt dat nich, denn man de Reis in'n letzten Hoben moken!"

Aber dor fohr he tosomen. Dor keum wat de Trepp ropfleiten, dat weur sien Jonni; an den harr he in düssen Ogenblick bald gornich dacht.

Wat sull ut den Lütten warn, wenn he nich mehr an Bord weur? Ober ehrer sien Jung in de Dör keum, wußt he dat ok all.

„Nobend, Ol!" lach Jonni em an, as he in de Kök keum.

„Na, Jonni, büst wedder dor? Nobend ok!"

„Ganz alleen an Bord, Ol?" freug Jonni, „he un se ok wech?"

Sien Broder un Swester mit'n Nom'n to nenn'n, full em langs nich in. Sien Vadder nick em to, un Jonni gung non Vorplatz un hung sien Mütz un sien Eultüch op. De Kökendör leet he solang open.

„Lot jem man jümmer loopen", reep he von dor ut, „Mudder heff ick ok eben dropen. Se steiht op de Stroot un klöhnt mit een Huupen Froonslüd. Ick heff ehr frogt, ob ick ehr nich leeber een Stohl dolbrin'n sull, ober dor wull se nix von weeten!"

He keum wedder in de Kök. „Du, Ol, hest ok nich vergeeten, mien Duben to füddern?“
„O jonich, Jonni!“ sä Vadder Soodmann. „Ober de hebbt sick allwedder bannig beeten. De ganze Böhn liggt vull Feddern.“
„Is rein nich meuglich“, de könt sick woll nix beter verdreegen, as ick mit mien Swester un Broder, wat? Ober, Ol, kiek mol, wat ick allwedder for een feines Stück Holt fischt heff.“
He läup non Vorplatz un keum mit een Stück Holt ansleepen, dat bald mol so grot as he selber weur. „Fein, wat, Ol? Dat soog ick uns Mudder twei, dor kann se Mondag ehrn Waschpott mit beuten. Will ick man morgen nomiddag op'n Böhn don, wenn de hoge Beseuk an Bord is. De anner meen jo hüt morgen, ick blamier em, son Pankoken, wat?“
„Wo hest den Hoosen fischt, Jonni?“
„Bi de Lannungsbrüggen, Ol, mank de Tollbarkassen. Hett dat Os mi ober ok een barg Arbeit mokt, oha!“
„Jonni, Jonni, fall mi bloß nich mol dorbi to Woter.“
„Och, dat sall nix seggen, ick kann jo swemm'n“, lach Jonni un stell dat Holt an'n Herd hen; dor sull dat dreugen. „Du, Ol, dat hatt sick bannig upklort, oder weest dat all? Sünd ok all een barg Scheep opkomen. For Reimann alleen twee; denn hest Mondag wedder Schangß.“
„Ick nich mehr, Jonni, ick heff Fierobend kreegen!“
„Wat, di hebbt se rutsmeeten? Worüm dat denn?“
„Jä, Jonni, ick bün jem all to old un to stief worn bi de Arbeit!“

„Och, denn lot jem man den Schiet alleen moken."
He stunn vor sien Vadder un harr wie he de beiden Hann' in de Büxentaschen steeken. Beid keeken sick an.
„Jä, Jonni, dat seggst du woll. Ober ick krieg man so licht keen Arbeit wedder, un denn ward dat hier for uns beid man slecht utsehn. Denn wenn Paul mol een Tiedlang bitt'n mehr rutrücken sall, denn gläuwt he jo wunners, wat he sick erlauben droff."
„Och, de ole Giezknüppel, de bitt sick jo teinmol ehrer de Finger af. Jä, Ol, denn helpt dat nich, denn mutt ick ran ann' Speck!"
„Du? Och, wat wullt du dorbi don, du lütte Schietbütel?"
„Ick? — Dat will ick di gliek mol vertelln. Lot du mi man ruhig to See fohrn, mienwegen ok bloß op'm Finkenwarder Fischkutter. Denn bün ick alle dree, veer Wochen wedder torüch, un denn, Ol, denn bring ick di ümmer poor feine Schulln mit, de magst du doch so gern, wat? Man to, Ol! Un allns, wat ick an Hüer un Prozente krieg, dat leeg ick uns Mudder hier op'm Disch."
Sien Vadder harr em de Hand op de Schuller leggt un keek em deep in de Ogen.
„Mien lütte Jung", sä he, „mien lütte Jung —".
Ober do hol he eenmal deep Luft un sä: „Jo, Jonni, ick heff mi dat ers öberleggt, ehrer du an Bord keumst. Jo, Jonni du sast nu to See! Ober nich op son Fischewer, sast een grotes Schipp ünner de Feut hebben."
Jonni keum rein ut de Tüt. He kreeg sien Vadder bi de Arms to foten un rüttel un schüddel den oln Mann as nix

gods ut luter Freid. „Sall ick würklich wech, Ol?“
„Jo, Jonni, dat sast du!“ Vadder Soodmann meuk sick los von em un gung not Sofa hen, wo he sick swör op dolfalln leet.
Jonni schien gornich to marken, wat mit sien Vadder los weur. As son Indioner danz un sprung he dorch de Kök mit sien swörn Stebel, dat dat Geschirr op de Börder klötern dä.
„Ick sall to See, ick sall to See, hurro, hurro!“ sung he.
„Utrüstung heff ick jo all, allns wat sien mutt: Eultüch, wull'n Ünnertüch, Seestebel, Büxen genog un wull'n Strümp mehr as rieklich; een dicken Troyer ton Övertrecken heff ick ok. Mien Duben verkäup ick gau, dor kann ick all 'ne Matratz un een Kojsack for kriegen. Jä, harr ick man ers een Schipp!“
„Mien Seekist kannst ok kriegen, Jonni, de mok ick di morgen all in de Reeg. Un for een Schipp will ick woll sorgen, du kummst mit de Adelhaid wech, den Kaptein kenn ick, he heet Max Bruhns.“
„Wat, mit de Adelhaid? Du meenst doch de Veermastbark, wat? De is gestern bi Stülcken ut 'n Dock komen un liggt nu an'n Amerikakai.“
„Weet ick, Jonni, kannst mi morgen mol röbersetten, will mol mit Max Bruhns snacken. Wi wulln beid de Stürmannsschool beseuken; he hett dat jo ok don, ober ick blew an Land un bün Schurmann worn.“
„Jo, dat harrst man don sullt, Ol, denn weurst nu ok viellicht Kaptein“, meen Jonni un sett sick op de Kohlnkist.

„Dat harr angohn kunnt, Jonni, ober dien Mudder wull dor nix von weeten, se wull jo heiroten."
„Jä, dat kann ick nich begriepen, Ol, dat du dat don hest. Wat harrn wi beiden uns nu fein stohn, wenn du nich heirot harrst", meen Jonni.
„Du Schopskopp", sä sien Vadder, „denn seets du doch nu nich dor up de Kohlnkist!"
„Och jo, dat is jo ok wohr; dor heff ick noch gornich öber nodacht, ober, Ol, heur mol, wenn Kaptein Bruhns mi man mitnehmen deit, ick bün jo man noch een bitt'n lütt, ober een Schietbütel bün ick ers recht nich. Mi sall mol eener komen, de mi verblüffen will, de mutt ers mol Kap Horn in sien Mudder ehr Waschbalje umseilt hebben."
„Jo, Jonni, nehmen ward he di. Dat deit he mi all to Gefalln."
„Un mi denn ok", meen Jonni un dor full em dat wedder in, dat he nu de See to sehn kreeg. He baller vor luter Freid mit de Hacken gegen de Kohlnkist un sleug sick mit de Han'n opt Knee.
Sien Vadder keek em an. „Du, Jonni, nu kumm mol een bitt'n dichter ran." He wull em wat seggen.
Jonni stell sick breetbeenig bi em hen un keek em basch in de Ogen. „Wat denn?" freug he, denn sien Vadder kunn dor nich so recht mit rutkomen.
„Jä, Jonni, de Adelhaid mokt ober bloß grote Reisen. Dat geiht um Kap Horn rum an de Westküst rop bit no Iquique!"
„Na, dat will ick doch hoffen", sä Jonni. „Bit no Blanknees kann ick ok mit mien Fährdamper fohrn."

„Un wenn du wedder torüch kummst, Jonni, denn mußt du di nich wunnern, wenn dat hier son bett'n anners utsehn deit, un du uns nich mehr all op'm Dutt findst."
„Och, dat mokt nix, dat weet ick jo, Ol. Lot de beiden annern man heiroten, so veel se wölt, denn warst du se los, wat, Ol?"
„De meen ick nich, Jonni. Ick meen, dat du mi woll nich mehr warst andropen."
„Di nich? Wo wullt du denn hen, Ol?"
„Och, mien Lütt, ick will nich mehr to See, ick war woll bloß noch 'ne Reis in den letzten Hoben moken", sä de ole Schurmann.
Jonni harr sien Vadder verstohn. „Vadder", schree he op, „du sast mi ober noch nich starben, dat sast du nich! Wotoo denn?" He harr beide Arms um sien Vadder sien Schullern leggt un reet em an sick ran, ganz dicht, as sull em keener sien Vadder nehmen, un den Jung scheuten man so de hellen Tro'n ut de Ogen.
„Och, Jonni, wat hett dat Leben denn noch forn Zweck for mi, wenn ick nix mehr verdeen'n kann. Un sall ick de hier to Last falln, sall ick mi von jem füddern loten, as son oln Hund? Och, Jonni, nu ween man nich, du büst jo ok all son groten Jung, warst ok all ohne mi wieder komen."
Jonni harr de Ogen verdreiht un keek no de Lamp rop, un hunnert Lichter seh he dor, so flimmert em dat vor de Ogen. He sluckst, dat em de Bost bebern dä. „Vadder, Vadder", schree he, „denn will ick nich to See, denn will ick leber bi di blieben!"

Sien Vadder meuk sick los von em, kreeg em bin Kopp to foten, mit beide Han'n, un keek em in de natten Ogen. „Fohr man, mien Jung, do mi dat to Gefalln, un war mi een fixen Fohrnsmann, in Storm un See, as dien Vadder dat west is!"

He holl Jonni noch'ne ganze Wiel so fast. Op'm Michel bloos de Törmer sien Choral, un de Wind dreug den Schall bit no de Herrlichkeit.

KURZBIOGRAPHIEN DER AUTOREN

Hermann Boßdorf

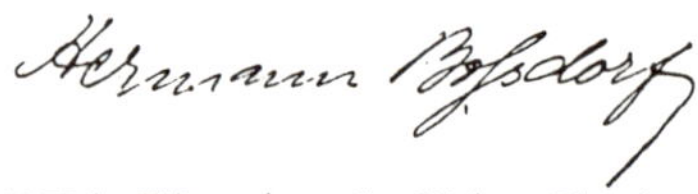

Hermann Boßdorf wurde am 29.10.1877 in Wiesenburg im Hohen Fläming geboren. Später kam er nach Hamburg und wollte Lehrer werden, scheiterte aber an der Aufnahmeprüfung zur Präparandenanstalt und wurde daher wie sein Vater Postbeamter. Nur knapp 44 Jahre alt geworden, starb Hermann Boßdorf am 24.9.1921 nach langer, schwerer Krankheit. Bis heute werden seine Theaterstücke „Kramer Kray“, „De rode Ünnerrock“, „Bahnmeester Dood“ und „De Fährkroog“ als „Klassiker“ gehandelt und gehören zu den meist gespielten an den niederdeutschen Bühnen.

Ivo Braak

Geboren am 12.9.1906 in Marne in Dithmarschen; Abitur in Plön; studierte 1926—30 Deutsch und niederdeutsche Philologie in Kiel, Wien und Hamburg; Promotion zum Dr. phil. bei Prof. Otto Mensing; neben dem Studium Mitspiel bei der Niederdeutschen Bühne Kiel; 1930—32 Besuch der PH in Kiel; Lehrer an Volksschulen, Dozent an der PH Kiel, Professor und Rektor an der PH Kiel; seit 1973 emeritiert; verschiedene Auszeichnungen.
Ivo Braak starb am 10.8.1991 in Kiel.

Karl Bunje

Geboren am 8.11.1897 in Neuenburg (Oldenburg). Nach Kriegsteilnahme als Infanterist im 1. Weltkrieg bis 1937 Finanzbeamter in Brake und Cloppenburg, danach freier Schriftsteller. Schrieb 20 Theaterstücke in plattdeutscher und hochdeutscher Sprache, darunter so erfolgreiche wie „De Etappenhas“,

„Familienansluß“, „Op Düwels Schuvkar“ (Verteufelte Zeiten), „Dat Hörrohr“. Einige wurden verfilmt, die meisten im Fernsehen gezeigt. Er schrieb hoch- und plattdeutsche Erzählungen und Gedichte.
Karl Bunje starb am 6.4.1985.

Hermann Claudius

Hermann Claudius, ein Urenkel von Matthias Claudius, wurde am 19.10.1878 in Langenfelde bei Altona geboren. In Hamburg-St. Pauli wurde er Lehrer. Von seinem Klassenfenster aus sah er im Juli 1906 den Großen Michel brennen und schrieb das Gedicht „De grote Michel“. Es stand in allen Blättern und machte ihn als plattdeutschen Poeten bekannt. 1912 brachte Hermann Claudius „Mank Muern“ heraus, lauter Gedichte über das Leben in der großen Stadt, aber keine jammernden, sondern vielmehr sehr fröhliche. Jahrzehnte fruchtbaren Schaffens in niederdeutscher und hochdeutscher Lyrik und Prosa schlossen sich an.
Am 8.9.1980 starb Hermann Claudius.

Fritz Fischer

geb. am 14.8.1905 in Hamburg
gefallen am 22.3.1945 bei Heiligenhafen/Ostpreußen.

Gorch Fock

Gorch Fock (eigentlich Johann Kinau) wurde am 22.8.1880 auf Finkenwerder als Sohn eines Seefischers geboren. Nach Abschluß der kaufmännischen Lehre war er als Buchhalter tätig. 1915 wurde Gorch Fock eingezogen und fand in der Skagerakschlacht am 31.5.1916 den Tod. Auf der kleinen schwedischen Insel Stensholmen nahe Göteborg ist sein Grab. Gorch Fock war ein Meister ernsthafter und fröhlicher Erzählungen. Sein bekanntester Roman ist „Seefahrt ist not“.

Klaus Groth

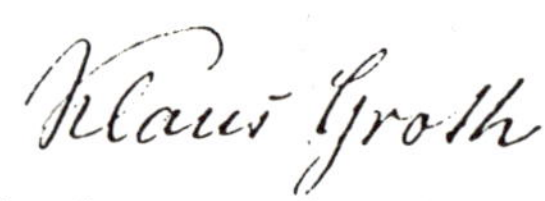

Klaus Groth wurde am 24.4.1819 in Heide als Sohn eines Müllers geboren. Nach dem Abschluß der Elementarschule folgte eine Schreiberlehre. Später besuchte er das Lehrerseminar in Tondern und war 5 Jahre Lehrer in Heide. Nachdem Groth erkrankte und sein Lehreramt aufgeben mußte, verbrachte er 6 Jahre auf der Insel Fehmarn. In der Einsamkeit der Insel fand er den Weg zu sich selbst. Seine Sehnsucht, sein Fühlen und Denken schrieb er sich von der Seele. 1852 wurde sein „Quickborn“, ein Band plattdeutscher Gedichte, veröffentlicht. 1853 siedelte Groth nach Kiel über und wurde 1866 Professor für deutsche Literatur und Sprache.
Klaus Groth starb am 1.6.1899 in Kiel.

Emil Hecker

Am 4.6.1897 wurde Emil Hecker in Hamburg Billwerder-Neuedeich geboren. Im 1. Weltkrieg wurde er schwer verwundet. Nach kurzem Medizinstudium kam er 1922 nach Brunsbüttel in Dithmarschen in die Heimat seines Vaters. Dort wandte er sich der Schriftstellerei zu und veröffentlichte zahlreiche plattdeutsche Bücher. Über 50 Jahre schrieb er für den Rundfunk etwa 500 Kurzgeschichten und Hörspiele.
Am 11.7.1989 starb Emil Hecker in Brunsbüttel.

Hans Heitmann

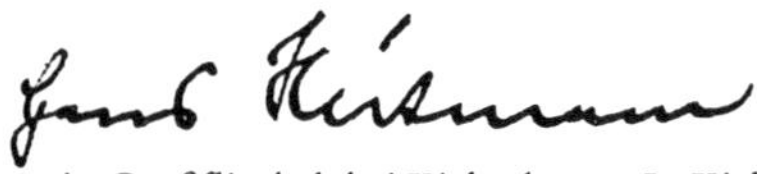

Hans Heitmann wurde am 5.1.1904 in Großflintbek bei Kiel geboren. In Kiel besuchte er die Schule und war in Holstein, Dithmarschen, Nordfriesland Lehrer. Ab 1934 war er in Lübeck als Sonderschullehrer tätig. Er schrieb Romane in hoch- und plattdeutscher Sprache, Theaterstücke und Hörspiele. Hans Heitmann starb am 4.9.1970.

Wilhelm Henze
Daten leider nicht feststellbar.

August Hinrichs

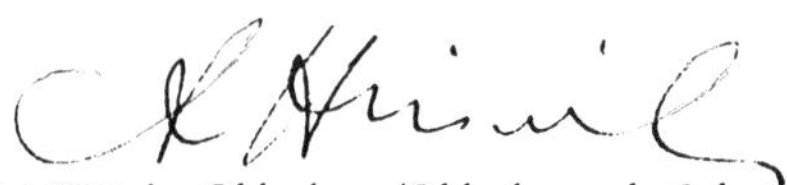

August Hinrichs wurde am 18.4.1879 in Oldenburg/Oldenburg als Sohn eines Tischlers geboren. Er erlernte den Beruf des Vaters. 1906 gründete er eine eigene Tischlerei, begann jedoch kurz darauf, jede freie Zeit am Schreibtisch für seine ersten Bühnenwerke zu nutzen. 1926 gab er sein Geschäft ab und widmete sich nur noch der schriftstellerischen Tätigkeit. Seine bekanntesten Komödien: „För de Katt“, „Swienskomödi“, „Wenn de Hahn kreiht“. August Hinrichs starb am 20.6.1956.

Hans Henning Holm

Hans Henning Holm wurde am 20.11.1908 in Nindorf/Kreis Rendsburg geboren. Nach einem Philologiestudium und Auslandsaufenthalten war er als Übersetzer und freier Schriftsteller tätig. Er schrieb zahlreiche Bücher und

Abhandlungen zur niederdeutschen Sprache und Literatur. Holm wurde mit etlichen Literaturpreisen ausgezeichnet. Seine Bühnenstücke wurden vom Ohnsorg-Theater uraufgeführt. Von 1960—73 war er Leiter der Niederdeutschen Abteilung des Norddeutschen Rundfunks, Hamburg. Nach der Pensionierung war er wieder freier Mitarbeiter mit Beratervertrag beim NDR sowie Sprecher und Autor der NDR-Sendereihe: „Hör mal 'n beten to".
Hans Henning Holm starb am 25.3.1977 in Hamburg.

Krüschan Holschen

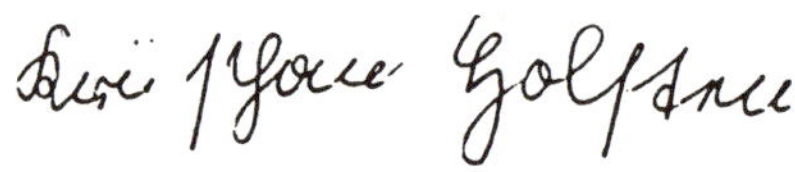

Krüschan Holschen (eigentlich Christian Holsten) wurde am 17.10.1922 in Otterstedt bei Bremen geboren. Er schreibt vorwiegend plattdeutsche Kurzgeschichten von „anschaulicher Wortkomik und bildhafter Drastik".
Holschen ist durch zahlreiche Vorträge und Funksendungen in Norddeutschland bekannt geworden. Jahraus-jahrein, landauf-landab trägt er seine überwiegend humorvollen Geschichten „butenkopps" vor.
Krüschan Holschen lebt als freier Schriftsteller in Bremen.

Rudolf Kinau

Rudolf Kinau wurde am 23.3.1887 auf der Elbinsel Finkenwerder bei Hamburg geboren. Nach Abschluß der Volksschule war er zunächst 2 Jahre bei einem Elbfischer und 5 Jahre auf dem Ewer seines Vaters in der Seefischerei tätig. Danach besuchte er die Seemannsschule und machte sein Steuermannspatent für die „Große Seeschiffahrt". Anschließend diente er ein Jahr bei der Marine und nahm dann — infolge der schlechten Wirtschaftslage in der Schiffahrt — eine Stellung in der Hamburger Fischhalle an. Danach lebte er als freier Schriftsteller in Finkenwerder. Bis zu seinem Tod am 19.11.1975 sind mehr als 36 Bücher von ihm erschienen sowie zahlreiche Hörspiele und Theaterstücke. 22 Jahre erfreute er die NDR-Hörer mit seinen „Hör mal 'n beten to"-Beiträgen.

Karl-Heinz Kreienbaum

Am 29.4.1915 wurde Karl-Heinz Kreienbaum in Hamburg geboren. Als 20jähriger verließ er das Elternhaus, um nach bestandener Schauspielprüfung sein erstes Theaterengagement im Rheinland anzutreten. Nach dem letzten Krieg kam er nach Hamburg zurück und spielte an mehreren Bühnen, bis er 1947 ans Ohnsorg-Theater geholt wurde. Dort ist er heute noch als Schauspieler und Regisseur tätig. Zwischendurch hat er für Film, Funk und Fernsehen gearbeitet. 1986 erschien sein erstes Buch mit plattdeutschen Kurzgeschichten.

Fritz Lau

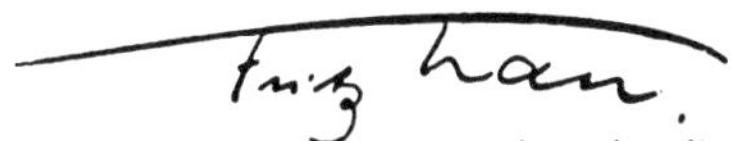

Fritz Lau wurde am 10.8.1872 in Möltenort bei Kiel geboren. Er besuchte die einklasssige Volksschule im Nachbardorf Altheikendorf. Mit 17 Jahren wurde er Postbeamter. Da er oft versetzt wurde, lernte er Land und Leute kennen. 1898 kam er nach Glückstadt und blieb dort bis zu seinem Tod. Fritz Lau veröffentlichte zahlreiche plattdeutsche Bücher.
Am 7.7.1966 starb er.

Gerd Lüpke

Gerd Lüpke kam am 19.5.1920 im pommerschen Stettin zur Welt, wuchs in Vorpommern und Mecklenburg auf und wohnt heute mit seiner Frau in Varel (Oldenburg) und Harlingen (Niederlande). Lüpke ist Erzähler und Lyriker. Dramatiker und Übersetzer — er schreibt vor allem in plattdeutscher, hochdeutscher und englischer Sprache. Rund drei Dutzend Bücher, viereinhalbtausend Rundfunk- und Fernsehsendungen (darunter etwa 50 Hörspiele), Theaterstücke, Schallplatten sowie viele Vortrags- und Leseabende in Deutschland und im Ausland stehen auf dem Register des Autors.

Seine Arbeit wurde anerkannt durch eine Reihe von Literatur- und Kulturpreisen sowie in- und ausländischen Auszeichnungen.

Harry Reuss-Löwenstein

Am 27.1.1880 wurde Harry Reuss-Löwenstein in Fulda geboren. Als Waise kam er mit 4 Jahren nach Hamburg und wurde von Verwandten erzogen. Nach 7 Jahren Seefahrt und 3 Jahren Dienst bei der Kaiserlichen Marine war er als Büroangestellter tätig. Dann 4 Jahre Studium an der Kunstgewerbeschule. Danach als freier Maler auf Finkenwerder. Während des 1. Weltkrieges war er 4 Jahre in Flandern. In der Inflationszeit begann er mit der Schriftstellerei. Harry Reuss-Löwenstein starb am 15.4.1966 in Hamburg.

Alma Rogge

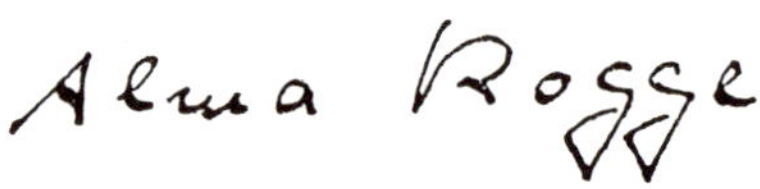

Alma Rogge erblickte das Licht der Welt am 24.7.1894 auf dem elterlichen Bauernhof in Brunswarden bei Rodenkirchen. Sie wuchs in der oldenburgischen Wesermarsch auf, studierte Literatur, Kunstgeschichte und Niederdeutsch und promovierte in Hamburg zum Dr. phil.. Als freie Schriftstellerin ließ sie sich später in Bremen-Rönnebeck nieder, wo sie am 7.2.1969 starb.

Fritz Specht

Fritz Specht wurde am 30.10.1891 in Hamburg geboren. Nach dem Abitur absolvierte er ein germanistisches und neusprachliches Studium. Von 1930 an war er als Lehrer tätig. Seit Gründung des Hamburger Rundfunks (Norag)

arbeitete Fritz Specht dort als freier Mitarbeiter. Jahrelang war er als Autor und Sprecher in der Sendereihe: „Hör mal 'n beten to" zu hören.
Am 3.3.1975 starb Fritz Specht in Hamburg.

Otto Tenne

Otto Tenne wurde am 29.1.1904 in Hamburg geboren und wuchs in St. Pauli am Hafen, Michel und Heiligengeistfeld auf. Nach der Entlassung aus der Paßmannschen Schule Musikstudium bei Hans Hermanns, später bei Walter Kraft und Sthamer. 1924 Liedbegleiter am Süddeutschen Rundfunk. Ab 1930 war Otto Tenne für den NDR tätig, zunächst als Komponist und Liedbegleiter, dann als Autor plattdeutscher Geschichten und Hörspiele. Bekannt wurde er als Sprecher und Autor der NDR-Sendereihe „Hör mal 'n beten to", an der er seit der ersten Sendewoche im April 1956 beteiligt war.
Am 15.4.1971 starb Otto Tenne in Hamburg.

Fritz Wempner

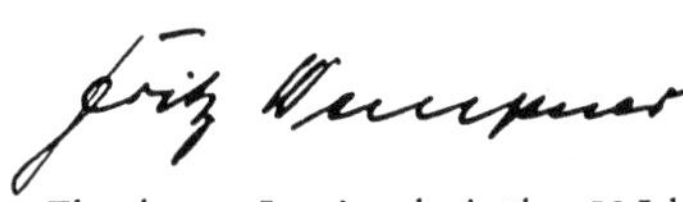

Seit dem 11.11.1910 ist Fritz Wempner Flensburger Jung' und seit über 50 Jahren bei der Niederdeutschen Bühne. Schon früh, zu Hause, in der Hebbelschule, in der Lehre und als selbständiger Kaufmann, war Plattdeutsch seine Zweitsprache, seine musikalischen Ausdrucksmittel Klavier und Akkordeon. Nach russischer Gefangenschaft begann er, plattdeutsche Theaterstücke zu schreiben. Seine Stücke werden auch hochdeutsch und in Holland, in der Schweiz, Italien und Österreich gespielt.

Wilfried Wroost

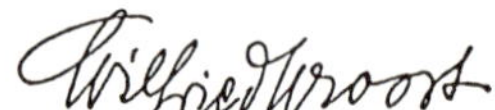

Wilfried Wroost, am 13.9.1889 in Hamburg geboren, veröffentlichte mehr als 20 Theaterstücke. Seine bekanntesten: „Mien Mann, de fohrt to See“, „Een Mann mit Charakter“, „Wenn du Geld hest“. Seine Heimatstadt Hamburg, der Hafen und St. Pauli, die Welt der „lütten Lüd“ waren für Wroost das Milieu, aus dem er Stoffe und Figuren für sein niederdeutsches Schaffen bezog.
Am 14.8.1959 starb Wilfried Wroost in Hamburg.

QUELLENVERZEICHNIS

Ivo Braak: „To'n eerstenmal to'n Wiehnachsmärken", aus „Ivo Braak vertellt Geschichen von Wiehnachen", Verlag Michael Jung, Kiel 1990

Karl Bunje: „De slaue Köster" aus Karl Bunje „Dartomal", Verlag Michael Jung, Kiel 1987

Hermann Claudius: „Rodegrütt" aus Hermann Claudius „Mank Muern", © by Karl Wachholtz Verlag, Edition Fehrs-Gilde, Neumünster 1912

Fritz Fischer: „Suur Suup" und „De sülverne Melkputt" aus Fritz Fischer „Suur Supp", © by Verlag M. Glogau jr., Hamburg 1941

Gorch Fock: „Den Seilmoker sien Piep" aus „De besten Geschichten von Gorch Fock", Verlag M. Glogau jr., Hamburg 1980

Hans Heitmann: „Törf köpen" aus Hans Heitmann „Vertell mal wat ... un wenn't ok lagen is", © by Karl Wachholtz Verlag, Neumünster 1968

Wilhelm Henze: „Dei Notbremse" aus Wilhelm Henze „Eck segge man bloß", Verlag Friedrich Gersbach, Bad Pyrmont 1923

August Hinrichs: „Heini un de Schoolmester" aus „August Hinrichs un sien schöönste Geschichten", © by Quickborn-Verlag, Hamburg 1989

Krüschan Holschen: „De gesunne Karkenslaap" aus Krüschan Holschen „De gesunne Karkenslaap", © by Verlag Schuster, Leer, 3. unveränderte Aufl. 1983

Rudolf Kinau: „Piepenlock" aus „Dat groote Rudl Kinau Book", © by Quickborn-Verlag, Hamburg 1986

Karl-Heinz Kreienbaum: „Haveree" aus Karl-Heinz Kreienbaum „Stüer alltieds rechten Kurs!", Verlag Michael Jung, Kiel 1988

Fritz Lau: „Wenn de Minsch alleen is" aus Fritz Lau „Kopp hoch", © by Verlag M. Glogau jr., Hamburg 1926

Harry Reuss-Löwenstein: „Wettswömmen" aus Harry Reuss-Löwenstein „Kabbelige See", © by Karl Wachholtz Verlag, Edition Fehrs-Gilde, Neumünster 1962

Alma Rogge: „Hinnerk mit'n Hot" aus Alma Rogge „Hinnerk mit'n Hot", © by Heinz Holzberg Verlag, Oldenburg

Fritz Specht: „Swattsuer" aus „Fritz Specht vertellt", © by Quickborn-Verlag, Hamburg 1973

Otto Tenne: „De beiden Olen" aus Otto Tenne „Wat ick noch seggen wull", © by Quickborn-Verlag, Hamburg 1973

Wilfried Wroost: „Warum Jonni Soodmann to See weg sull" aus John Brinkmann (Hg.) „Dat lustige Vördragsbook", Verlag M. Glogau jr., Hamburg 1925

In den Fällen, wo die Rechtsnachfolge trotz aller Bemühungen nicht festzustellen waren, verpflichtet sich der Verlag, rechtmäßige Ansprüche im üblichen Rahmen abzugelten.

INHALT